Bauwelt Fundamente 29

Herausgegeben von Ulrich Conrads
unter Mitarbeit von
Gerd Albers, Adolf Arndt,
Lucius Burckhardt, Werner Kallmorgen,
Hermann Mattern, Julius Posener,
Hans Scharoun

Leonardo Benevolo

Die sozialen Ursprünge des modernen Städtebaus

Lehren von gestern — Forderungen für morgen

Bertelsmann Fachverlag

Titel der italienischen Originalausgabe: Le origini dell'urbanistica moderna.
3. Auflage 1968 (Universale Laterza, Bd. 91). Editori Laterza, Bari.
Aus dem Italienischen von Dr. Arianna Giachi

© 1971 Verlagsgruppe Bertelsmann GmbH/Bertelsmann Fachverlag,
Gütersloh · 1
Umschlagentwurf von Helmut Lortz
Gesamtherstellung Mohndruck Reinhard Mohn OHG, Gütersloh
Alle Rechte vorbehalten
Printed in Germany
ISBN 3 570-08629- 1

INHALTSVERZEICHNIS

Vorwort zur deutschen Ausgabe 7
Einleitung. 9
Die Entstehung der Industriestadt 13
Die Zeit der großen Hoffnungen (1815–1848) 33
   Die Utopien des 19. Jahrhunderts 50
      Owen und die englische Genossenschaftsbewegung 50
      Der Saint-Simonismus 63
      Fourier und sein Einfluß in Europa und Amerika 65
      Das Familistère von Godin 72
      Cabet und die Tradition der Egalité 82
   Der Beginn einer modernen Baugesetzgebung in England und
   Frankreich 91
1848 und die Folgen 110
Bildteil 153

VORWORT ZUR DEUTSCHEN AUSGABE

»Stadtplanung beabsichtigt einen machtvollen Eingriff in komplexe gesellschaftliche Verhältnisse, das heißt sie agiert in einem partiell offenen, nur unvollständig durch Institutionen regulierten Feld zwischen heterogenen sozialen Subsystemen. Sie rechnet mit der Veränderlichkeit der Gesellschaft, gleichgültig, ob sie gezielt bestimmte Veränderungen herbeiführen will oder zur Veränderung neigende Verhältnisse zu stabilisieren sucht. Solches Tun ist allemal Politik im expliziten Sinn.« Was Hans Paul Bahrdt[1] für unsere Zeit – zu Beginn einer zweiten industriellen Revolution – feststellt, gilt ebenso für die Anfänge der modernen Stadtplanung. Um 1830 in England, zwei Jahrzehnte später in Frankreich und Deutschland, mit den strukturellen und soziologischen Umwälzungen der industriellen Revolution, mit dem Wildwuchs der Industriestadt, beginnt die spezifische Problematik der Stadtplanung.

Leonardo Benevolo hat in seiner großen »Geschichte der Architektur des 19. und 20. Jahrhunderts«[2] auch die städtebauliche Entwicklung in großen Zügen dargestellt. Das vorliegende Buch – erstmals 1963 in Bari erschienen – zeichnet die historischen Tatbestände nochmals im einzelnen nach und zeigt die vielfältigen Verflechtungen zwischen städtebaulichen und gesellschaftspolitischen Kategorien.

Dickens' Romane, Schinkels Bericht und Engels' Untersuchungen in englischen Städten sind beredte Zeugnisse für die chaotischen Verhältnisse in »Coketown«. Als Reaktion auf die unerträglichen Mißstände, als Versuch, ganz von vorne anzufangen, entstanden die Experimente der Owen, Fourier, Cabet – die ersten Verwirklichungen in der langen Reihe der Utopien seit Thomas Morus.

Robert Owen's »universal happiness through universal education« war ein Trugschluß. Aber seine und der anderen utopischen Sozialisten Reformideen wirkten fort: »A Peaceful Path to Real Reform« war der Untertitel der ersten Ausgabe von Ebenezer Howard's Programm.

[1] Hans Paul Bahrdt, Humaner Städtebau, Hamburg, 1968
[2] italienisch: Bari, 1960; deutsch: München, 1964

Allerdings hat er kritisch bemerkt: »Die Mißerfolge früherer sozialer Experimente sind vornehmlich auf eine vollständige Verkennung des Hauptfaktors in diesem Problem – der menschlichen Natur selbst – zurückzuführen. Diejenigen, die es unternommen haben, neue Formen sozialer Organisation vorzuschlagen, haben nicht klar gesehen, wieviel man von den altruistischen Tugenden der menschlichen Natur im allgemeinen erwarten darf.«[3] Gleichwohl gewinnt die Darstellung der frühen sozialistischen Versuche und Entwürfe erstaunliche Aktualität angesichts der Erfahrungen der neuen Linken von heute, praktische Gesellschaftsreform im Zusammenleben der Kommune zu betreiben.

Die Geschichte des Sozialismus vor und nach dem kommunistischen Manifest, die politischen Ereignisse vor und nach der entscheidenden Wende von 1848 stehen in unmittelbarem Zusammenhang mit den theoretischen und praktischen Leistungen des Städtebaus im 19. Jahrhundert. Leonardo Benevolo weist nach, wie stark das politisch neutrale, rein technische Selbstverständnis des Stadtplaners durch ideologische Strömungen geprägt ist; insofern ist dieser historische Exkurs ein wichtiger Beitrag zur heutigen Diskussion um die politische Bedeutung aller planerischen Entscheidungen.

In der Reihe der Bauwelt Fundamente steht die Arbeit Benevolo's zwischen der Auswahl aus den Schriften von Friedrich Engels und der Neuausgabe von Ebenezer Howard's »Gartenstädte von morgen«.

H. Detlef Kammeier

---

[3] zitiert nach: Ebenezer Howard, Gartenstädte von morgen. Bauwelt Fundamente, Bd. 21 Berlin, 1968

EINLEITUNG

> Die Republik der Gleichen,
> diese große Herberge
> offen für alle Menschen.
>
> Aus dem Manifest der Gleichen 1796

Die moderne Stadtplanung entstammt nicht bereits der Zeit, als die technischen und wirtschaftlichen Prozesse sich anbahnten, die zur Entstehung der Industriestadt und zu deren Veränderungen führten. Sie gewinnt vielmehr erst Gestalt, als diese Veränderungen und die sich aus ihnen ergebenden Konflikte so spürbar wurden, daß ein regulierendes Eingreifen sich nicht mehr vermeiden ließ.
Auch heute befindet Stadtplanung sich stets im Rückstand denjenigen Erscheinungen gegenüber, die sie eigentlich kontrollieren sollte. Es haftet ihr deshalb der Charakter eines nachträglichen Korrektivs an. Darum ist es wichtig, die ersten stadtplanerischen Experimente in einer industriellen Umwelt zu untersuchen, um den Gründen für ihre von Anfang an bestehende Verspätung auf die Spur zu kommen. Die vorliegende Arbeit will den doppelten – technischen und moralischen – Ansatz dieser Versuche sichtbar machen. Zugleich stellt sie sich die Aufgabe, die verschiedenartigen Ausgangspunkte der ersten Reformer zu klären: einmal die wirtschaftlichen und sozialen Veränderungen, die zu den Spannungen in der ersten Hälfte des neunzehnten Jahrhunderts führten, zum anderen die Wandlungen in der politischen Theorie und der öffentlichen Meinung, die bewirkten, daß diese Spannungen nicht mehr als unausweichliches Verhängnis hingenommen, sondern als Schwierigkeiten angesehen wurden, mit denen man fertig werden konnte und mußte.
Die ersten Versuche, den Übeln der Industriestadt abzuhelfen, gingen zwei ganz verschiedene Wege. Einmal gab es die Leute, die der Ansicht waren, mit allem noch einmal ganz von vorn anfangen zu müssen. Sie stellten darum den Städten, wie sie waren, neue Formen des Zusammenlebens gegenüber, die sie aus der reinen Theorie herleiteten. Andere versuchten, jedes Problem für sich zu lösen und jedem Mißstand im einzelnen abzuhelfen. Dabei übersahen sie deren Zusammenhänge und entwickelten keine Gesamtkonzeption für den neuen Stadtorganismus.
Zur ersten Gruppe gehören die sogenannten Utopisten – Owen, Saint-Simon, Fourier, Cabet und Godin. Anders als Thomas Morus,

Campanella oder Bacon begnügten sie sich nicht mit der Beschreibung ihrer Idealstädte, sondern taten alles dafür, um sie zu verwirklichen. Die zweite Gruppe besteht aus den Fachleuten und Beamten, die neue hygienische Maßnahmen in den Städten trafen und neue Einrichtungen schufen. Da sie hierfür eines geeigneten technischen und gesetzgeberischen Instrumentariums bedurften, legten sie zugleich den Grund für die moderne Baugesetzgebung.

Der größte Teil dieser Initiativen, auch derjenigen von scheinbar mehr technischem Charakter, hat einen deutlich erkennbaren ideologischen Hintergrund, der sich weitgehend mit den Anfängen des modernen Sozialismus überschneidet. Hinweise auf diese Vorgänge findet man darum eher in den Handbüchern der Wirtschaftsgeschichte und der Geschichte des Sozialismus als in technischen Fachbüchern. Diese Überschneidung von Sozialismus und städtebaulichen Experimenten trifft allerdings nur für die Zeit bis 1848 zu, bevor sich die Arbeiterbewegung in bewußtem Gegensatz zu den bürgerlichen Parteien organisierte. Nur in dieser Frühzeit stehen die stadtplanerischen Initiativen unter dem Einfluß verschiedener ideologischer Strömungen vom egalitären Kommunismus Cabets bis zum französischen Neo-Katholizismus. Später geben Marx und Engels der Arbeiterbewegung ihre entscheidende Wendung. Bei seinem Versuch, die Revolution von 1848 und ihr Scheitern rein politisch zu erklären, erhellt der marxistische Sozialismus zwar die Widersprüche in den vorausgehenden Bewegungen, zerreißt aber mit einem Schlag den Zusammenhang von politischen und städtebaulichen Forderungen, an dem man bisher, wenn auch in allzu vereinfachenden Formulierungen, hartnäckig festgehalten hatte.

Von nun an unterschätzt die politische Theorie fast immer die stadtplanerischen Überlegungen und Experimente, da sie alle Vorschläge für Teilreformen restlos in einer Generalreform der Gesellschaft aufgehen lassen möchte. Abgelöst von der politischen Diskussion wird die Stadtplanung ihrerseits immer mehr zur reinen Technik im Dienst der herrschenden Klasse. Damit wird sie aber nicht politisch neutral, sondern gerät ins Fahrwasser der neuen konservativen Ideologie, wie sie in Frankreich der Bonapartismus, in England die fortschrittlichen Gruppen der Tories und in Deutschland Bismarcks Imperialismus verkörpern. Das ist der Grund für den unpolitischen und subalternen Charakter der städtebaulichen Konzeptionen nach 1848, hinter denen sich der politische Paternalismus der neuen Rechten verbirgt.

Dies ist die Hauptthese des vorliegenden Buches, die auch für die heutige Diskussion ihre Bedeutung hat. Die Forderungen der modernen Wissenschaft vom Städtebau lassen sich nämlich nur verwirklichen, wenn sie wieder den Kontakt zu denjenigen politischen Kräften

finden, die es auf eine entsprechende Veränderung der gesamten Gesellschaft abgesehen haben.
Die wissenschaftliche Diskussion der letzten dreißig Jahre hat uns gelehrt, den potentiellen politischen Gehalt städteplanerischer Entscheidungen zu erkennen. Diese Erkenntnis bleibt allerdings bloße Theorie, solange Stadtplanung – wie das seit 1848 geschieht – als eigenständiger Bereich gilt, der erst nachträglich in ein politisches Programm einzubeziehen ist. So primitiv Owens und Chadwicks städtebauliche Vorstellungen nämlich auch sein mögen, so lehren sie uns doch, daß Stadtplanung zwar ein notwendiger Bestandteil der Politik ist, um deren Aktionsprogramme zu konkretisieren, daß ihre Forderungen sich gleichwohl nicht aus politischen Grundsatzerklärungen ableiten lassen. Um eine bessere Verteilung der menschlichen Aktivitäten in einem bestimmten Gebiet zu erreichen, muß man deren wirtschaftliche und soziale Voraussetzungen ändern. Dennoch führt die Veränderung wirtschaftlicher und sozialer Beziehungen nicht automatisch zu zweckmäßigeren Siedlungsformen. Denn deren Planung ist unlöslich mit einem ganzen Komplex von Maßnahmen verbunden, die dazu dienen, das allgemeine Gleichgewicht herzustellen, auf das politische Aktion abzielt. Mag Stadtplanung in ihren Methoden auch unendlich vielfältiger sein, als Owen jemals geahnt hat, so behält das Ziel seiner Utopie doch bis heute für sie Gültigkeit: »Im Rahmen eines Systems, das dem technischen Fortschritt keine Grenzen setzt, für jeden Arbeiter eine nutzbringende Beschäftigung zu finden.«
Einen kurzen Abriß dieser Entwicklung habe ich seinerzeit schon in meiner »Storia dell'architettura moderna« zu geben versucht, die 1961 bei Laterza in Bari erschienen ist[1]. Nicht ein vielleicht noch verfrühtes dialektisches Bedürfnis läßt mich jetzt noch einmal auf dieses Thema zurückkommen, sondern einige Erfahrungen der jüngsten Zeit, die mich dazu drängen, den Zusammenhang zwischen Stadtplanung und Politik, zwischen Raumplanung und sozio-ökonomischer Planung neu zu definieren. Ich glaube nämlich, jetzt die Hauptschwäche meiner damaligen Darstellung darin zu erkennen, daß sie nicht auf den Zusammenhang der architektonischen und städtebaulichen Entwicklung mit der tiefgreifenden Veränderung der politischen Zustände zwischen 1830 und 1850 und insbesondere mit der Krise von 1848 eingeht. Das vorliegende Buch rückt nun, so meine ich jedenfalls, durch seine Erläuterungen auch meine damalige Darstellung der Ereignisse gegen Ende des Jahrhunderts ins richtige Licht und führt zu einem besseren Verständnis der avantgardistischen

---

[3] Dtsch. Übers.: Geschichte der Architektur des 19. und 20. Jahrhunderts. München, 1964

Bewegungen, die mit Morris ihren Anfang nahmen. Aus dem neuen Blickwinkel könnte darum die gesamte »Storia dell'architettura moderna« überarbeitet werden, ohne daß den Autor der geringste Tadel träfe, sofern man nur den provisorischen Charakter jeder historischen Darstellung akzeptiert, welche die praktischen Bedürfnisse unserer eigenen Zeit berücksichtigt. Denn dieser Sachverhalt weist nur darauf hin, daß unsere Arbeitsbedingungen sich mit jedem Augenblick verändern und dadurch ein ständiges Neudurchdenken unserer Einstellung zur jüngsten Vergangenheit notwendig machen.

DIE ENTSTEHUNG DER INDUSTRIESTADT

Die Geschichte der modernen Stadtplanung ist anfangs eine Geschichte nackter Tatsachen. Denn die allmählichen Veränderungen im Gefolge der industriellen Revolution auf dem Land und in den Städten wurden in ihrer Problematik erst erkennbar, als sie einen gewissen Umfang angenommen hatten.
Die erste einschneidende Neuerung stellt die Bevölkerungszunahme dar. Sie beruht darauf, daß die Zahl der Todesfälle zum ersten Mal erheblich unter der Geburtenziffer liegt[1]. Zugleich ändert sich auch

---

[1] Die englische Bevölkerung beginnt von 1760 an rasch zu wachsen. Nach modernen Berechnungen, die sich auf die Bestattungs- und Taufziffern stützen, betrug die Einwohnerzahl von England und Wales 1700 5,5 Millionen und 1750 6,5 Millionen. Aber schon bei der ersten Volkszählung 1801 war sie auf 9 Millionen und 1831 auf 14 Millionen gestiegen. Dabei blieb die Geburtenrate – nach einem leichten Anstieg zwischen 1700 und 1740 – während dieser ganzen Zeit beinahe auf dem gleichen Stand und schwankte lediglich zwischen 36,6 und 37,7 Promille. Zugleich dürfte die Einwanderung aus anderen Ländern zahlenmäßig unter der Auswanderung in die Kolonien gelegen haben. Dagegen nahm die Sterblichkeit, die durch die Hungersnöte und den Alkoholismus bis 1740 ziemlich groß gewesen war, von 35,8 Promille zwischen 1730 und 1740 auf 21,1 Promille in den Jahren zwischen 1811 und 1821 ab. Als Gründe dafür nennt T. S. Ashton: die Einführung von Hackfruchtkulturen, die die winterliche Viehhaltung erleichterte und das ganze Jahr über eine Versorgung mit frischem Fleisch ermöglichte; den Übergang von anderen Getreidesorten zum Anbau von Weizen; die Zunahme des Gemüseverzehrs; die auf dem zunehmenden Gebrauch von Seife und Baumwollwäsche beruhende bessere persönliche Hygiene; die Verdrängung von Holzwänden und Strohdächern beim Hausbau durch Backsteinmauern und Schieferdächer; das Abnehmen häuslicher Gewerbetätigkeit; die Fortschritte von Chirurgie und Medizin; die Zunahme der Krankenhäuser und der ärztlichen Versorgung; die Verbesserung der Kanalisation und der Wasserversorgung in den Städten; die zweckmäßigere Anlage von Müllplätzen und Friedhöfen. (Vgl. T. S. Ashton: The Industrial Revolution 1760–1830. London, [12] 1966.

der Altersaufbau der Bevölkerung. Denn durch das Sinken der Kindersterblichkeit nimmt der Anteil der Jugend an ihr zu. Vor allem aber wird ein seit Jahrhunderten bestehendes natürliches Gleichgewicht zerstört, demzufolge jede Generation unter den gleichen Lebensbedingungen wie vorangehende gelebt hatte und mit deren Schicksal zufrieden war. Jetzt dagegen ändern sich die Lebensumstände für jede Generation, die deshalb bisher unbekannte Probleme mit neuen Mitteln lösen muß.

Aber die Bevölkerung nimmt nicht nur zu, durch die neuen wirtschaftlichen Verhältnisse verteilt sie sich auch anders auf Stadt und Land. Als erstes verändert sich die Arbeitsorganisation und schafft dadurch die Voraussetzungen für eine umfassende Veränderung der Produktionstechnik, die ihrerseits auf die Arbeitsorganisation zurückwirkt und die Entwicklung und Konzentration des neuen Wirtschaftssystems beschleunigt. Die darauf beruhenden Schwerpunktverlagerungen rufen eine echte Krise hervor, weil sie das überkommene Gleichgewicht zwischen Stadt und Land plötzlich zerstören und neue Spannungen hervorrufen, die erst auf lange Sicht einen Ausgleich finden.

Diese Veränderungen vollziehen sich in England zwischen 1760 und 1830. Die Aufteilung der alten Allmenden rings um die englischen Dörfer ermöglichte eine bessere Bodennutzung und machte allmählich aus Bauern Pächter oder Landarbeiter, deren Lebensstandard zwangsläufig kaum über dem Lebensminimum lag[2]. Die Alternative dazu bestand in gewerblicher Arbeit, vor allem in der Weberei, die auf dem Land schon seit langem als bäuerliche Heim-

---

[2] 1795 erklärte die *Speenhamland Resolution*, jede Familie habe ein Anrecht auf einen Mindestlohn, der in einem festen Verhältnis zum Brotpreis stehe. Gegebenenfalls müsse die Gemeinde für die Differenz zwischen dem Reallohn und diesem Mindestlohn aufkommen. »Wenn eine Gallone Brot einen Schilling kostet, soll jeder fleißige Arme für seinen Lebensunterhalt wöchentlich drei Schilling als Lohn für seine und seiner Angehörigen Arbeit oder als Unterstützung aus dem Aufkommen der Armensteuer erhalten und für den Unterhalt seiner Frau und jedes anderen Familienmitglieds einen Schilling und sechs Pennies. Wenn eine Gallone Brot aber einen Schilling und vier Pennies kostet, soll jeder fleißige Arme für seinen Lebensunterhalt wöchentlich vier Schilling und für den Unterhalt jedes anderen Familienangehörigen einen Schilling und vier Pennies erhalten. Und weiter immer in demselben Verhältnis ...« (Zitiert nach J. L. und B. Hammond: The Village Labourer. London, 1911, Seite 139.)
So diente die Armensteuer bis zu ihrer Abschaffung im Jahr 1834 dazu, die Löhne für die Landarbeiter niedrig zu halten, und garantierte ihnen zwar einerseits ein Lebensminimum, verhinderte aber andererseits jede Verbesserung ihrer Lebensumstände.

arbeit betrieben wurde. Diese alte familiäre Arbeitsweise, bei der dieselbe Familie die Rohwolle kaufte, spann, webte und färbte und schließlich das Endprodukt verkaufte, erwies sich indessen als zu wenig dynamisch und zu unproduktiv, um die wachsende Nachfrage auf dem Markt zu befriedigen. Darum zogen es die Kaufleute vor, das Rohmaterial zu liefern, die verschiedenen Arbeitsgänge jeweils an Facharbeiter zu vergeben, die im Akkordlohn bezahlt wurden, und schließlich das Endprodukt in Empfang zu nehmen. Als die bei diesem System größtmögliche Produktivität aber erreicht war, zwang die Konkurrenz zu einer weiteren Kostenminderung und Produktionserhöhung. Das führte zu einer Reihe technischer Erfindungen, die die Arbeitsbedingungen grundlegend veränderten.
Die Weber benutzten den von dem Uhrmacher John Kay 1733 erfundenen Schnellschützen, der es jedem Arbeiter erlaubte, allein ohne Hilfe eines anderen am Webstuhl zu arbeiten. Gleichwohl blieb die Produktion durch die Unmöglichkeit, die notwendige Garnmenge herzustellen, beschränkt, bis 1764 der Zimmermann James Hargreaves die Jenny-Spinnmaschine erfand, die es jedem einzelnen Arbeiter ermöglichte, mehrere Fäden zugleich zu handhaben.
So drangen der Schnellschütze und die Jenny in die Bauernhäuser der Woll- und Baumwolldistrikte ein und veränderten den Lebensrhythmus aller arbeitsfähigen Familienmitglieder. Aber immer noch blieb die Menge der produzierten Garne und Stoffe unmittelbar von der menschlichen Muskelkraft abhängig. Das änderte sich erst, als die Kraft der menschlichen Arme durch mechanischen Antrieb ersetzt wurde.
1771 erfand Richard Arkwright, ein Barbier in Preston, die erste Spinnmaschine mit Wasserkraftantrieb, und 1775 begann der Weber Samuel Crompton seine Mule-Spinnmaschine zu erproben.
Diese Erfindungen gaben der Spinnerei zeitweise einen Vorsprung vor der Weberei, bis 1784 Reverend Edmund Cartwright den ersten mechanischen Webstuhl erfand. Kurz darauf, zwischen 1785 und 1790, gelang es, die Wasserkraft durch James Watts 1769 patentierte Dampfmaschine zu ersetzen.
Die Folge davon war, daß das Textilgewerbe die Zerstreuung der Heimarbeit aufgeben und sich in großen Fabriken konzentrieren mußte, die über die notwendige Antriebskraft verfügten. Diese Fabriken siedelten sich anfangs an Flüßen, später, als Watts Dampfmaschine in Gebrauch kam, in der Nähe von Kohlengruben an. Die Dampfmaschine ihrerseits ermöglichte es, mit dem Einsickern von Wasser in die Gruben fertig zu werden, und verwandelte so die Bergwerke in moderne Fabriken.
Zur gleichen Zeit setzte sich bei der Eisengewinnung das von Abraham Darby und seinem gleichnamigen Sohn ausgearbeitete Ver-

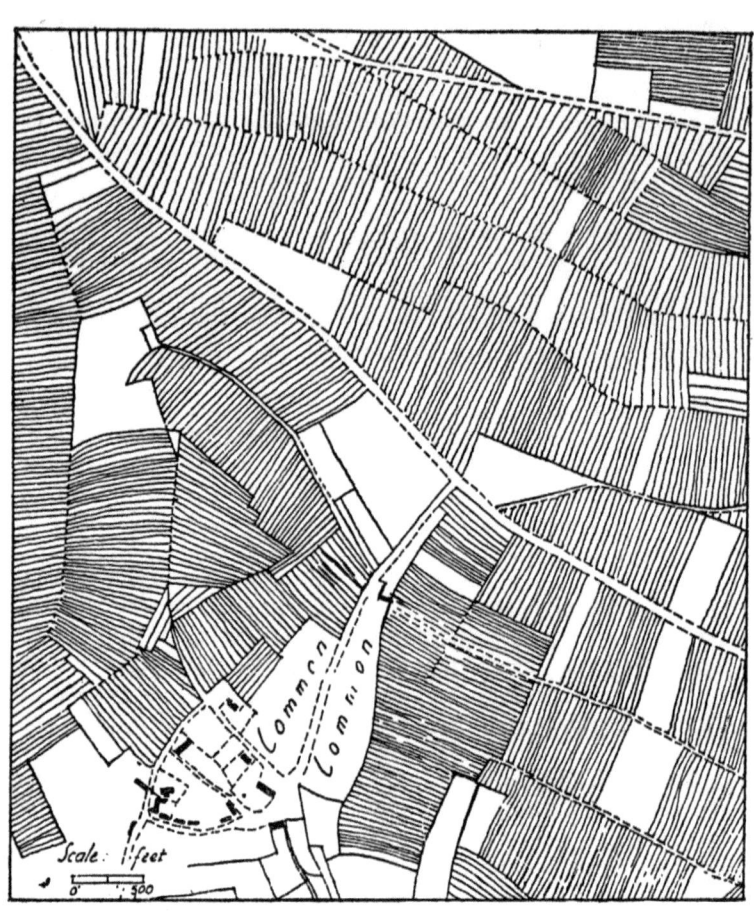

1   Das Dorf Balscott (Oxfordshire), 1768 mit dem Allmendland, das in kleinen Parzellen verpachtet ist (aus T. Sharp: English Panorama)

2 Dasselbe Dorf nach Einfriedung des Allmendlandes

fahren durch, bei dem die Holzkohle durch Steinkohlenkoks ersetzt wurde. 1783 erlaubte es dann eine Erfindung von Henry Cort, Steinkohle auch in Schmiede- und Walzwerken zu verwenden. Damit war die metallverarbeitende Industrie in der Lage, die Grundlagen für die neu entstehende mechanische Industrie zu schaffen. Gießereien und Hochöfen wanderten nun aus waldreichen Gebieten in die Nähe der Kohlengruben ab und begünstigten dadurch das Entstehen großer, alle Arbeitsgänge vereinigender Werke.
Zwischen 1760 und 1790 vollzogen sich so, im Verlauf eines einzigen Menschenalters, technische Fortschritte, die eine unbegrenzte Ausweitung der industriellen Produktion erlaubten[3]. Die Entwicklung der Industrie und ihre Konzentration in großen Fabriken ließ viele Familien aus den landwirtschaftlichen Gebieten des Südens nach Nord- und Mittelengland abwandern. Aus verstreuten Bauernhäusern siedelten sie in dicht bevölkerte Quartiere über, die in der Nähe der Fabriken erbaut wurden. So entstanden plötzlich neue Städte, und viele der alten Städte begannen unverhältnismäßig zu wachsen[4].
Industrie und Städte gingen dabei sofort eine feste Verbindung miteinander ein. In den neuen Städten, für die die traditionellen Ordnungen der dörflichen Gemeinden nicht mehr galten, befreiten sich Unternehmer und Arbeiter von den anachronistischen Fesseln des elisabethanischen Zunftwesens. Die Unternehmer konnten ständig mit großen Arbeitskraftreserven rechnen, und die Arbeiter wurden zwar von ihren neuen Arbeitgebern erbarmungslos ausgebeutet, fanden in den Städten aber ein verschiedenartigeres Angebot an Arbeitsplätzen, begriffen sich selbst als eigene Klasse und konnten sich zur Verteidigung ihrer Interessen zusammenschließen[5].

---

[3] Die Eisenproduktion stieg von 17 000 Tonnen im Jahr 1740 auf 650 000 Tonnen im Jahr 1830. Die Baumwollindustrie verarbeitete 1764, als die Jenny erfunden wurde, 8 800 000 englische Pfund, 1775, als die Webereien mit Dampfantrieb zu arbeiten begannen, 18 Millionen Pfund, 1810 123 Millionen Pfund und 1830 273 Millionen Pfund. (Vgl. C. Barbagallo: Le origini della grande industria contemporanea. Florenz, 1951.)
[4] Manchester, das in der Mitte des 18. Jahrhunderts noch eine Kleinstadt von 12 000 Einwohnern war, hatte 1800 95 000 und 1850 400 000 Einwohner. Die Einwohnerzahl von Glasgow nahm von der Mitte des 18. bis zur Mitte des 19. Jahrhunderts von 30 000 auf 300 000 zu, die von Leeds von 17 000 auf 170 000. In Frankreich stieg die Einwohnerzahl von Mülhausen zwischen 1812 und 1836 von 10 000 auf 36 000, die von Roubaix zwischen 1816 und 1866 von 8000 auf 65 000. (Vgl. P. Lavedan: Histoire de l'Urbanisme, Band III. Paris, 1958.)
[5] Die ersten Arbeitervereinigungen, die im Gegensatz zu den traditionellen Zünften entstanden, wurden in Frankreich 1791 und in England 1800 durch Gesetze verboten, die erst 1813 und 1824 wiederaufgehoben wurden.

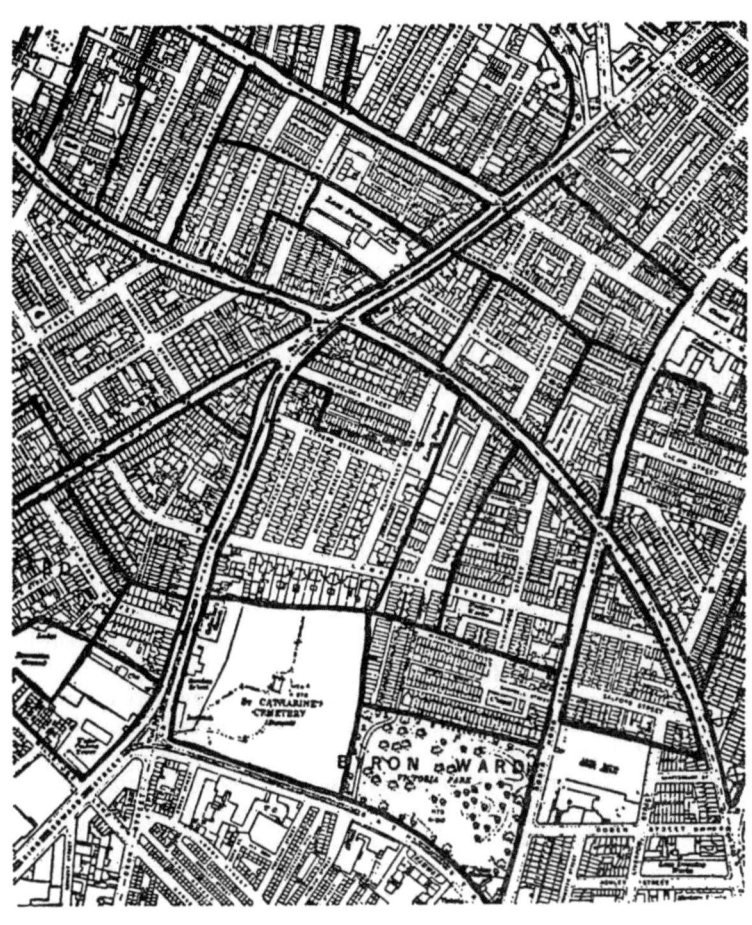

3 Stadtrandgebiet in Nottingham. Die Grenzen der Privatgrundstücke folgen den alten Einfriedungen (aus W. C. Hoskins: The Making of English Landscape)

Inzwischen wurde, den Bedürfnissen des Handels entsprechend, insbesondere für den Transport von Rohstoffen wie Kohle und Eisenerz das Straßennetz ausgebaut. Die schlecht instand gehaltenen Gemeindestraßen wurden seit 1745 von privaten Gesellschaften durch neue Straßen ersetzt, für deren Benutzung Wegegeld gezahlt werden mußte. Meeresarme und schiffbare Flüsse wurden von 1760 an durch neue Kanäle verbunden. Andere Gesellschaften organisierten auf Straßen und Kanälen regelmäßige Verkehrsverbindungen zum Transport von Menschen und Gütern. 1767 stellte Richard Reynolds die ersten gußeisernen Schienen für den Kohlentransport her, und 1801 wurde die Surrey Iron Railway, das erste Eisenbahnunternehmen für den Warentransport, in Gebrauch genommen. Die eigentliche Entwicklung der Eisenbahn setzte aber erst 1825, nach der Erfindung der Lokomotive durch George Stephenson, ein und drückte den folgenden Jahrzehnten ihren Stempel auf.

Nur im Zusammenhang mit diesem neuen Verkehrsnetz und dem expandierenden Handel gelangt man zu einem treffenden Urteil über das mit allem Bisherigen nicht zu vergleichende Wachstum einiger Städte, die an den Kreuzungen der Handelsstraßen lagen und jetzt zu den Finanz- und Verwaltungszentren der neuen Wirtschaft wurden. London hatte schon gegen Ende des 18. Jahrhunderts eine Million Einwohner. 1841 war es mit 2235000 Einwohnern die größte Stadt in Gegenwart und Vergangenheit.

Die Vielzahl dieser Veränderungen veranlaßte den größeren Teil der englischen Bevölkerung, seinen Wohnort zu wechseln und seine Lebensgewohnheiten zu ändern. Nicht nur die Nutzung von Grund und Boden, auch die Landschaft veränderte sich. Die Bevölkerungsmassen, die Zahl der neuen Häuser, die Produktionskapazität der neuen Fabriken, das Ausmaß des Handels, die Länge des neuen Straßen- und Kanalsystems und die Zahl der Fahrzeuge in den Städten stellen insgesamt etwas vollkommen Neuartiges dar, das zudem in einer bisher unbekannten Schnelligkeit entstanden war. Dörfer werden zu Städten und verdoppeln im Lauf eines Menschenalters ihre Einwohnerzahl. Fabriken, Straßen, Kanäle und Bergwerke werden innerhalb weniger Jahre als Spekulationsobjekte in die unberührte Ackerbaulandschaft hineingebaut, und neben den Türmen der Kathedralen wachsen Hochöfen und Schornsteine empor.

Die politische Wissenschaft und die Nationalökonomie beschäftigen sich indessen nicht so sehr mit dem Neuen, das allenthalben entsteht, sondern mit dem Zerfall der traditionellen Strukturen. Ihre Theorien wenden sich darum vor allem *gegen* die Bindungen und Institutionen, die der freien Ausbreitung der neuen Unternehmungen im Wege stehen.

So zerstören die politischen Reformer die Privilegien des Absolutismus,

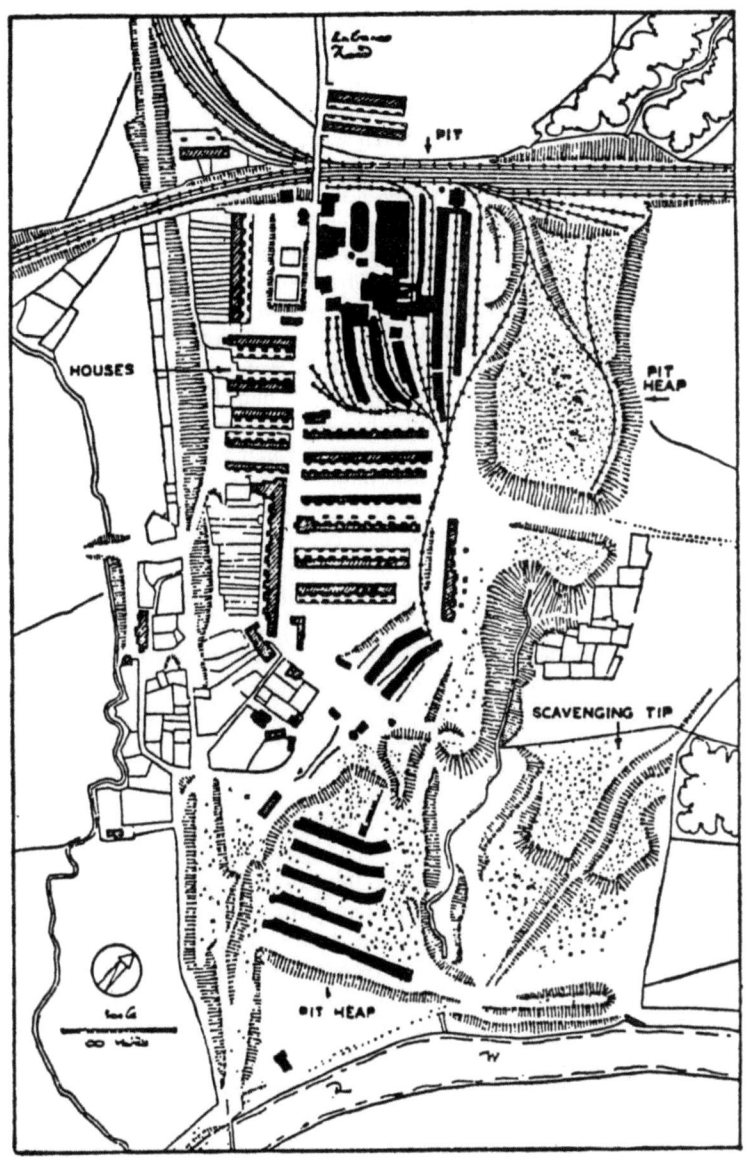

4   Das Industriedorf Sunny Brow, Durham (aus Sharp)

der sozialen Hierarchie und des wirtschaftlichen Dirigismus durch ihre rationale Kritik. Während sie aber die Garantien sorgfältig untersuchen, die den Bürger vor den Übergriffen der Behörden schützen sollen, klären sie die Organisation des neuen Staates nicht, der im Grunde als leerer Raum verstanden wird, wo Individuum und öffentliche Gewalt unmittelbar aufeinanderprallen. Dabei wird von allen vermittelnden Strukturen abgesehen, die diese Beziehung stören könnten. Die Realisierung des demokratischen Ideals scheint tatsächlich vom Aufgehen aller »Teilgesellschaften« in der souveränen »Republik« abzuhängen[6]. Diese Theorien rücken die allgemeinen politischen und Verfassungsprobleme in den Vordergrund, vernachlässigen aber die einschlägigen Organisationsprobleme oder behandeln sie, als seien sie aus diesen Theorien einfach abzuleiten.

Alle auftretenden Schwierigkeiten, die mit dem Überleben von traditionellen Institutionen zusammenhängen, fördern Theorien, die jede Art öffentlichen Eingreifens in diesem Bereich verhindern. Während der Hungersnot von 1797 verkündet Malthus seine Bevölkerungstheorie, um zu beweisen, daß alle Gesetze zur Unterstützung der Armen unnötig seien, und in der Nachkriegsdepression von 1818 veröffentlicht David Ricardo seine »Principles of Political Economy and Taxation«, in denen er die Abschaffung von Stadt- und Außenzöllen forderte.

So führt der Liberalismus in Europa und Amerika zwischen 1776 und 1832 zu einer fast vollständigen Aufhebung aller gesetzlichen oder auf Gewohnheitsrecht beruhenden Beschränkungen, Stadt und Land aber entbehren dadurch jeder planerischen Kontrolle. Die fortschrittlichsten politischen Denker und Nationalökonomen halten die Regierungen und die öffentliche Meinung von allem Eingreifen ab, ja, sie hindern sie daran, die Probleme, die sich durch die beginnenden Veränderungen ergeben, überhaupt zu sehen. Sie diskreditieren die bisherigen Methoden der Stadtplanung und stellen sie in Frage, ohne brauchbare Alternativen vorzuschlagen. Vielmehr befürworten sie ein auf diesem Gebiet absurdes *laissez faire*. So rät Adam Smith den Regierungen, ihre Domänen abzustoßen, um ihre Schulden zu bezahlen.

Manche barocke Stadtgründungen, vor allem einige Residenzstädte aus dem Anfang des 18. Jahrhunderts, nehmen in überzeugender Weise die Weiträumigkeit moderner Städte vorweg. So könnte man sich vorstellen, daß sich die Alleen von Versailles in die Boulevards einer Stadt des späten neunzehnten Jahrhunderts verwandelt hätten, wie ja tatsächlich die strahlenförmige Anlage der königlichen Gärten zum Vorbild von Haussmanns Étoile an den Champs-Elysées wurde. In Wirklichkeit aber blieben diese Barockstädte von den Veränderungen

---

[6] Das ist Rousseaus Terminologie in seinem »Contract social« von 1762.

5 Das Netz der englischen Schiffahrtskanäle und schiffbaren Flüsse, 1800
(aus E. L. Bogart: Storia economica dell'europa)

6 Ansicht einer katholischen Stadt, 1440 (aus A. W. Pugin: Contrasts, 1836)

unberührt, die in der Folgezeit das Aussehen der neuen Städte so entscheidend bestimmen sollten.

Die alten Städte verwandelten sich so langsam, daß man sie jederzeit als praktisch unveränderlich betrachten konnte. Bei der Anlage eines Platzes, dem Bau eines Stadtviertels oder einer ganzen Stadt wurde jeweils eine genaue architektonische Konzeption verwirklicht, die für das vorauszusehende künftige Wachstum genügend Spielraum ließ, ohne Veränderungen notwendig zu machen. So entsprach einer sich nur sehr langsam wandelnden Realität eine tatsächlich unveränderliche Gestalt. Durch die sich immer schneller vollziehenden Veränderungen ist diese Praxis nun kaum aufrechtzuerhalten. Dazu untergräbt der Liberalismus das Vertrauen in behördliche Eingriffe, ohne die eine zügige Abwicklung derartiger Projekte nicht möglich ist. Während die Architektur ihrerseits im Entwurf von Monumentalbauten und deren Einbindung in die städtische und landschaftliche Umgebung einen Höhepunkt erreicht, wird von der Mitte des 18. Jahrhunderts an die Realisierung solcher Vorhaben immer schwieriger, und die Fähigkeit, nachhaltig in das Stadtgefüge einzugreifen, schwindet dahin.

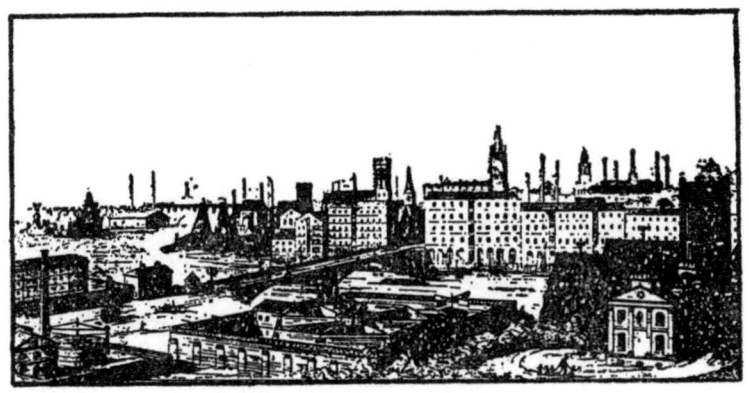

7   Ansicht einer katholischen Stadt, 1840 (aus Pugin)

Zur Zeit Ludwigs XIV. plante Mansart noch zugleich mit den Fassaden an der Place Vendôme das Gesamtgefüge der dahinterliegenden Bauten und änderte damit grundlegend die Struktur des ganzen umgebenden Stadtgebietes. Als unter Ludwig XV. der Architekt Jacques-Ange Gabriel die Place de la Concorde entwarf, beschränkte er sich darauf, den Häuserfronten an der Nordostseite des Platzes und am Beginn der angrenzenden Straßen ein einheitliches Aussehen zu geben, ohne eine gründliche Umgestaltung der gesamten Grundstücke vorzunehmen.
Ähnliches gilt für viele der am meisten bewunderten Baulösungen des späten 18. Jahrhunderts, für den Circus (John Wood d. Ä. 1754–1770) und Royal Crescent in Bath (John Wood d. J. 1767–1827), für den berühmten Londoner Bloomsbury Square (1775–1827) und später für die Rue de Rivoli in Paris (Charles Percier und Pierre François Fontaine 1805) und Regent Street in London (John Nash 1812). Hier überall erhielten Häuser, die vollständig unabhängig voneinander entstanden, lediglich eine einheitliche Fassadenarchitektur. Ihre Symmetrie wird damit zu einem rein malerischen Element, anstatt wie bisher Ausdruck einer einheitlichen Struktur zu sein. Hinter dem

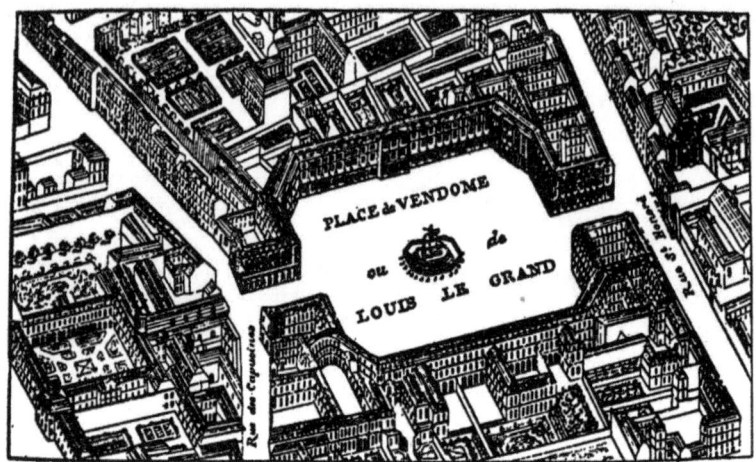

8 Paris, Place Vendôme (Ansicht aus dem Stadtplan von Michel Étienne Turgot, 1737). Der Platz wurde 1685–99 von Mansart zu Ehren Ludwigs XIV. angelegt. 1677 hatte der Architekt eine Finanzierungsgesellschaft gegründet, um die umliegenden Grundstücke aufkaufen und neu parzellieren zu können. Die Neugestaltung betraf deshalb nicht nur den Platz, sondern auch die dahinter liegenden Bauten.

9 Paris, Place de la Concorde (aus R. Auzelle: Encyclopédie de l'Urbanisme). Der Architekt Jacques-Ange Gabriel entwarf 1755 die Gestaltung des nach Ludwig XV. benannten Platzes mit den Gartenanlagen zwischen den Tuilerien und den Champs Elysées sowie dem Blick über die Seine zum Palais Bourbon hinüber. Die Fassaden an der Einmündung der Rue Royale wurden von der Stadt Paris nach seinen Entwürfen ausgeführt. Bei ihrem Verkauf wurde folgendes bestimmt: »Die städtische Behörde übernimmt den Bau der großen Fassaden am Platz und den daran anschließenden Teilen der Straße. Die Grundstücke, auf denen die Fassaden errichtet werden, bleiben im Besitz ihrer bisherigen Eigentümer, die Fassaden verkauft die Stadt zu folgenden Bedingungen: 1,90 Meter säulengeschmückte Fassade zu 350 Francs, 1,90 Meter gemauerte Fassade zu 300 Francs, 1,90 Meter Fassade in den Nebenstraßen zu 250 Francs, mit der Auflage, die Arkaden für jedermann zugänglich zu machen, die darum mit nur einem Viertel des Grundstückswertes angesetzt werden.« (I. Insolera: Aspetti del paesaggio urbano di Parigi, in »Urbanistica«, Nr. 32, S. 21)

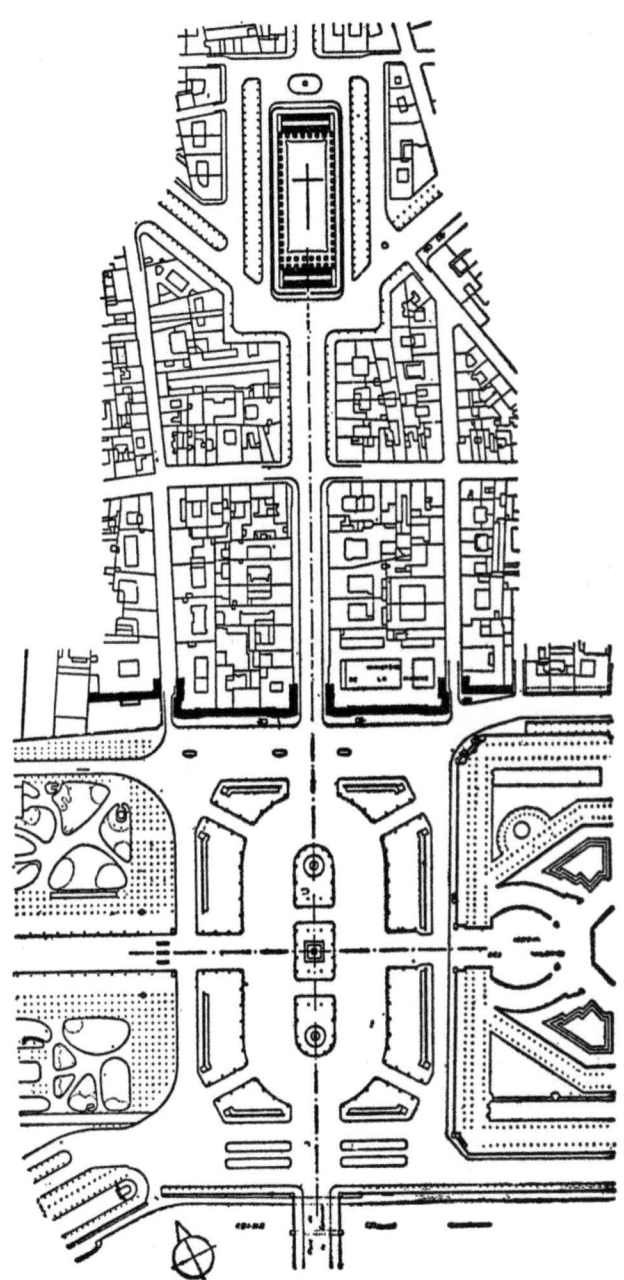

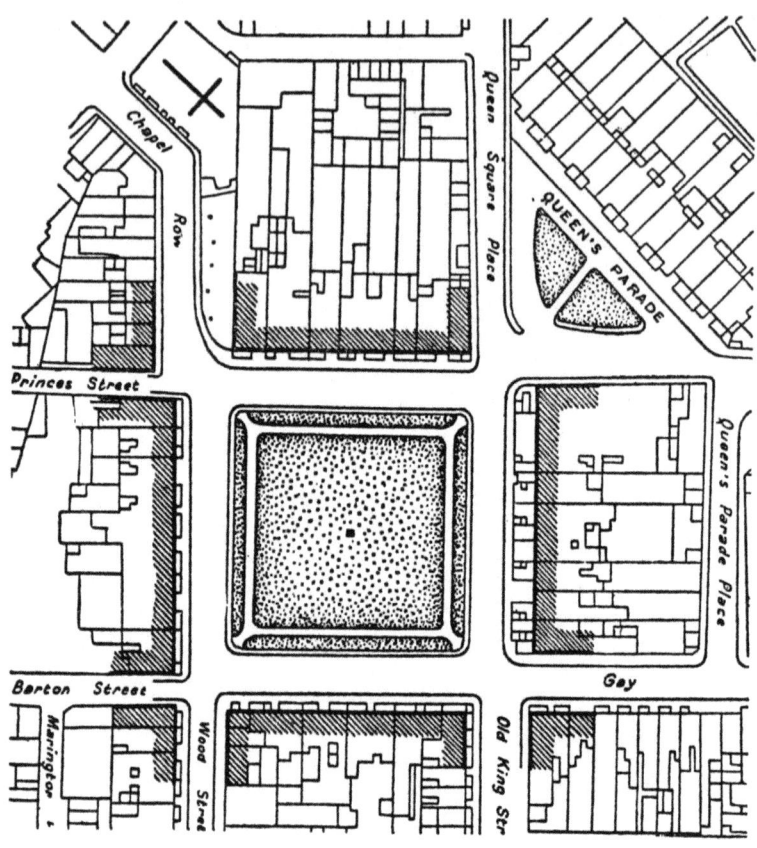

10, 11   Bath, Queen's Square und Royal Crescent (aus Auzelle). John Wood d. Ä. begann seine Tätigkeit als Architekt und Bauunternehmer in Bath mit dem Queen's Square. 1724 pachtete er das Gelände für 99 Jahre und verpachtete die Grundstücke für 98 Jahre weiter. Die Pächter konnten dabei das Innere der Häuser nach eigenen Wünschen gestalten, mußten aber Woods gemeinsame Fassadenarchitektur akzeptieren. Das gleiche Verfahren wandte er 1754–70 bei dem Entwurf des Circus an. In größerem Maßstab wiederholte es sein Sohn, John Wood d. J., 1767–75 bei Royal Crescent.

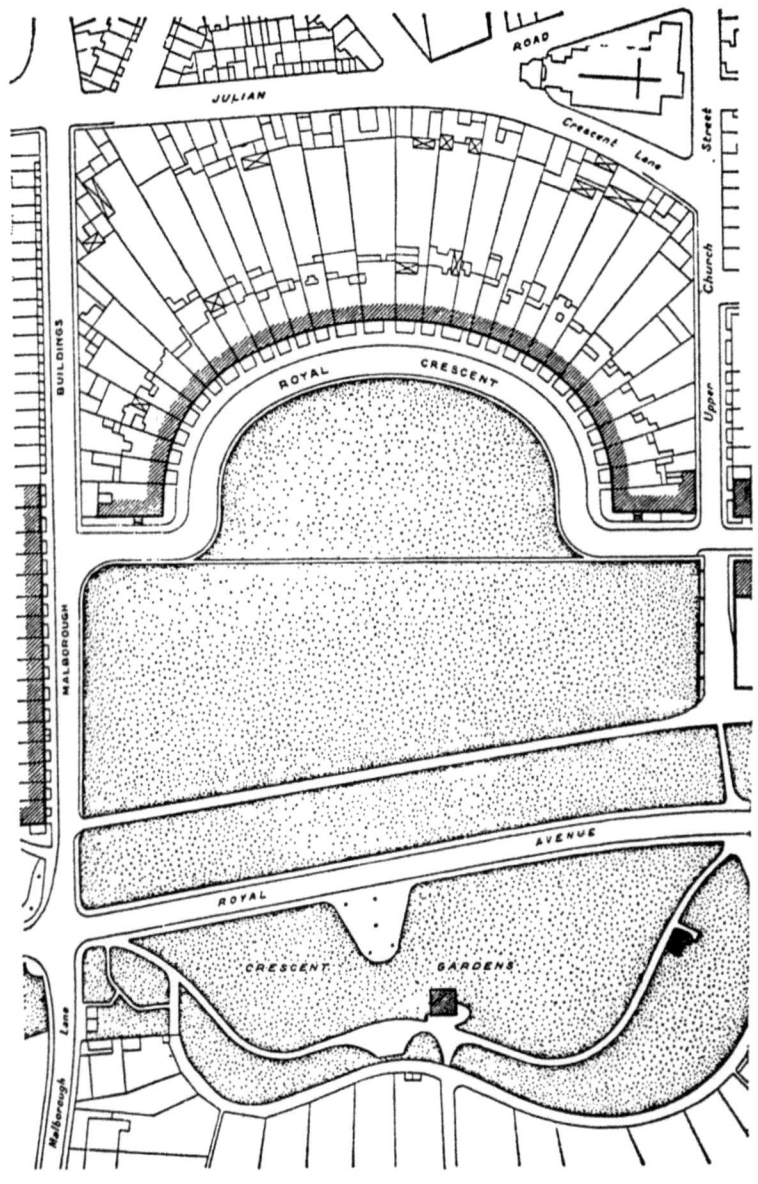

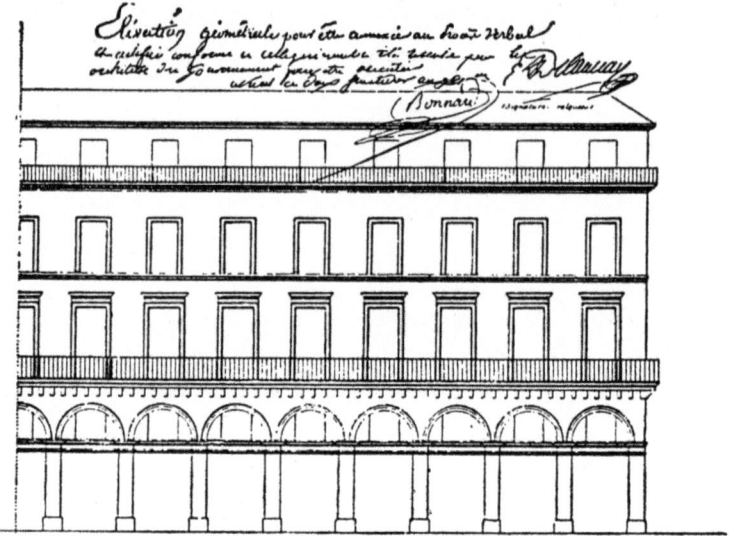

12 Paris, Rue de Rivoli. Die Fassade wurde 1806 von Charles Percier und Pierre François Fontaine für sämtliche Gebäude an der Nordseite der Straße entworfen. Die Stadtverwaltung lieferte dazu nur die Zeichnungen und überließ die Baukosten den Eigentümern.

13 London. Die Baugestaltung von John Nash für den Prinzregenten rings um den Regent's Park (aus H. R. Hitchcock: Architecture, Nineteenth and Twentieth Centuries). Nash begann 1812 mit dem Projekt für ein großes Gelände im Besitz der Krone. 1820–30 widmete er sich der Anlage des öffentlichen Regent's Park und dem Bau der umliegenden Häuser. Gleichzeitig wurde der Durchbruch für Regent Street, die neue Zufahrtsstraße von Piccadilly Circus, durch ein dichtbevölkertes Viertel vorgenommen. Nash baute als Architekt und Bauunternehmer einige Häuser rings um den Park und in Regent Street selbst. Von 1813 an fungierte er nur noch als Koordinator für andere Architekten und Bauunternehmer.

Zu dem Park, bei dessen Anlage er mit Humphry Repton zusammenarbeitete, gehören auch einige Villen und zwei Gruppen von Cottages, teils im klassizistischen, teils im Tudorstil. Die Häuser auf den umgebenden Terraces wurden für das reiche Bürgertum gebaut, die Reihenhäuser am Munster Square für den Mittelstand. Dem Gesamtkomplex stand ein Markt an seinem Ostrand zur Verfügung.

Der Park war fast wie eine idyllische und abstrakte Idealstadt konzipiert, die nichts mit den eigentlichen, in diesen Jahren ständig zunehmenden Problemen Londons zu tun hatte.

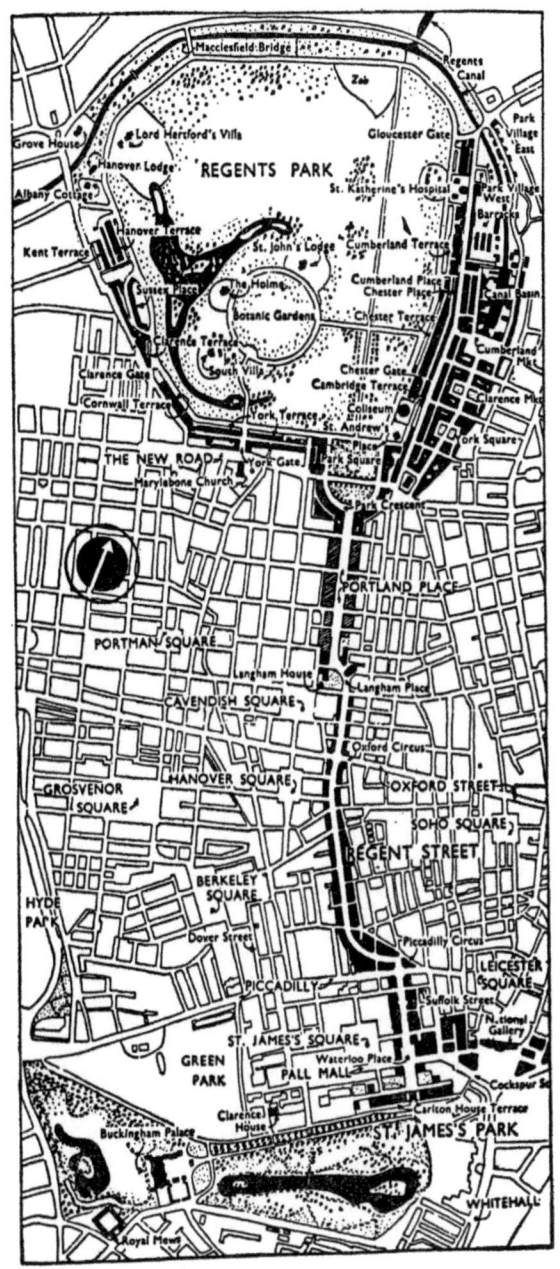

Raffinement und der Eleganz dieser letzten Schöpfungen der klassischen Tradition verbirgt sich darum ihre völlige Fremdheit den eigentlichen Problemen der neuen Stadt gegenüber, ja, diese Bauten verhindern geradezu jeden Kontakt dieser Tradition mit einer Umwelt, die im Gefolge der industriellen Revolution entsteht. Während die reiche Londoner Bourgeoisie sich in die Umgebung von Bedford Place und Russell Square zurückzieht, schießen im Osten der Stadt ununterbrochen hoffnungslose Elendsquartiere empor. Sehr bald stürzten ihre Ausdehnung und ihre hygienischen Mißstände die gesamte Stadt in eine Krise. Eine neue Art der Stadtplanung wurde notwendig, die in keinem Zusammenhang mit der früheren stand.

DIE ZEIT DER GROSSEN HOFFNUNGEN (1815-1848)

Als im Juli 1815 die Kunde vom Sieg bei Waterloo nach England drang, überschatteten innerpolitische Sorgen sofort die Erleichterung über das Ende des Krieges. Sie wogen um so schwerer, als der militärische Erfolg keinen Einfluß auf sie hatte.
Der alte George III. war geisteskrank. Seine Aufgaben wurden von dem korrupten Prinzregenten wahrgenommen. Die Außenpolitik unterstand dem kalten und unbeliebten Castlereagh, der sieben Jahre später, von Gleichgültigkeit oder gar Feindseligkeit seiner Mitbürger umgeben, durch Selbstmord enden sollte. Die Ausgaben für den Krieg hatten zu einer fortschreitenden Inflation geführt, die bis 1813 die Lebenshaltungskosten auf das Doppelte von 1790 ansteigen ließ. Durch die Aufhebung der Kriegsrestriktionen geriet sowohl die Monopolstellung des englischen Handels in den Überseeländern wie die der englischen Landwirtschaft für die Versorgung des Binnenmarkts in eine Krise. Das Parlament, das von den Grundbesitzern beherrscht war, schickte sich an, das unselige Getreidegesetz zu verabschieden, das die Last der Agrarkrise auf die Konsumenten und dadurch indirekt auf die Lohnkosten der Industrie abwälzte.
Die Angst vor der Französischen Revolution hatte viele aufgeklärte Konservative wie Edmund Burke zu Lobrednern der Gewalt gemacht und die Regierung veranlaßt, jede nonkonformistische Kundgebung mit ungewohnter Härte zu unterdrücken.
Aber die Bevölkerungsexplosion und die industrielle Revolution hatten die Verteilung der Einwohner im Land bereits grundlegend geändert. Schon zeichneten sich in den neuen Siedlungen schwerwiegende Notstände ab, die durch das Fehlen geeigneter Kontrollmaßnahmen entstanden. Die Familien, die vom Land in die großen Ballungszentren strömten, wurden entweder in leerstehenden Räumen in den alten Stadtvierteln oder in Neubauten am Stadtrand untergebracht, die rasch zunahmen und um die alten Stadtkerne bald ausgedehnte neue Viertel bildeten.
Den Bau neuer Häuser oder den Umbau bereits vorhandener übernahmen Spekulanten, die *jerry builders*. Die Konkurrenz wirkte sich

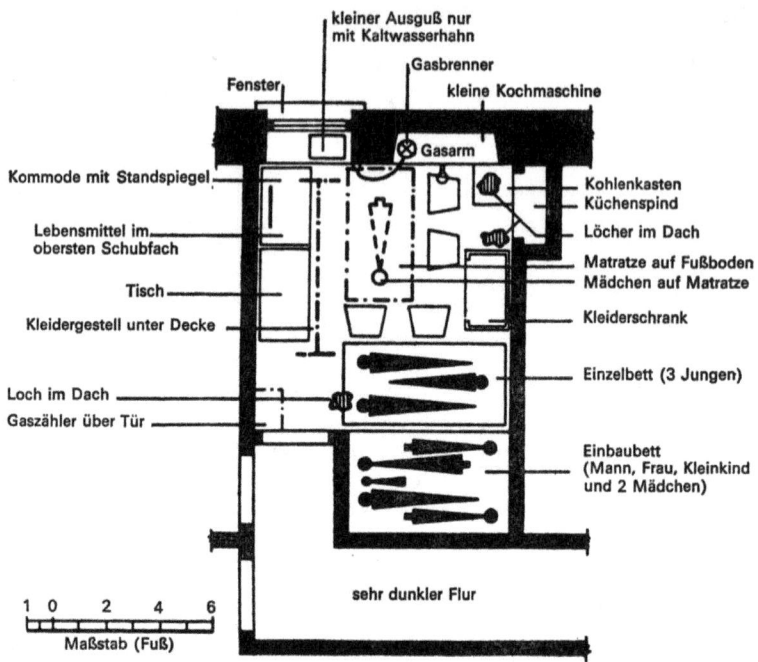

14 Glasgow. Eine überbelegte Wohnung aus dem Jahr 1948 (aus »RIBA Journal«, The Royal Institut of British Architects, 1948)

dabei auf die Qualität der Wohnungen ebenso nachteilig aus wie auf die Höhe der Löhne und die Dauer der täglichen Arbeitszeit in den Fabriken. Den Mieten waren enge Grenzen gezogen, denn sie hingen von Löhnen ab, die so niedrig waren, daß sie den Arbeiterfamilien knapp das Überleben sicherten. Die Rendite des angelegten Kapitals konnte darum nur durch Senkung der Baukosten, und das heißt durch Minderung der Qualität der Bauten, erhöht werden. Zudem war die Mehrzahl der Arbeiterwohnungen in Manchester, Leeds, Birmingham und in den Londoner Vororten während der Napoleonischen Kriege gebaut worden, als nur noch wenig Holz aus den baltischen Ländern

eingeführt wurde und die Löhne der Bauarbeiter ebenso wie die Kapitalzinsen einen Höhepunkt erreichten, auf dem sie sich noch viele Jahre nach Beendigung des Konflikts hielten. So trugen die Zeitumstände entscheidend zu einer Verschlechterung der neuen Wohnquartiere bei.
Dennoch waren die Häuser in den Städten, in denen die Arbeiterfamilien wohnten, im einzelnen wahrscheinlich nicht schlechter als die Bauernhäuser, aus denen diese Familien zum größten Teil kamen. Aus Steinen anstatt aus Holz gebaut, waren sie sogar solider. Und wenn ihre Räume auch enger waren, so wurden sie doch nicht durch Spinnmaschinen verstellt und verstaubt. Auch das Fehlen oder den schlechten Zustand der sanitären Anlagen waren die Leute gewohnt. Neu aber waren die Probleme, die durch die dichte Bebauung in den Industriestädten entstanden, und neu war auch die Einstellung der Menschen zu dem Ungemach, in dem sie zu leben gezwungen waren.

Auf dem Land ließen sich hygienische Mißstände allenfalls ertragen, in der Stadt aber wurden sie durch Ausdehnung und Enge der neuen Viertel unerträglich. Solange jedes Haus viel freien Raum um sich hatte, konnte man mit Abfällen und Abwässern ohne Schwierigkeiten fertig werden, und für Vieh, spielende Kinder und den Verkehr von Wagen und Fußgängern war genug Platz vorhanden, damit sie sich gegenseitig nicht in die Quere kamen. In den neuen Arbeitervierteln der Städte aber war das anders: die Beseitigung der Abfälle war kaum noch möglich, die Abwässer liefen in offenen Rinnen den Straßen entlang, und in jedem Winkel türmte sich der Unrat. Wagen und Fußgänger drängten sich zwischen spielenden Kindern und streunenden Tieren hindurch.
Die Wohnviertel befanden sich vorzugsweise in der Nähe der Arbeitsstätten. Häuser und Fabriken stießen darum häufig aneinander, bildeten ein planloses Chaos und behinderten sich gegenseitig. Die Fabriken hüllten die Wohnhäuser in ihren Rauch und verunreinigten die Wasserläufe mit ihren Rückständen. Der von ihnen abhängige Verkehr wiederum wurde durch den der Anwohner erschwert.
Folgendermaßen beschrieb Engels in einer berühmt gewordenen Darstellung, bei der er sich auf Untersuchungen der vorangehenden Jahrzehnte stützte, die Altstadt von Manchester im Jahr 1845:

»Hier sind die Straßen, selbst die besseren, eng und krumm ..., die Häuser schmutzig, alt und baufällig und die Bauart der Nebenstraßen vollends abscheulich. Wenn man von der alten Kirche von Long Millgate hineingeht, so hat man gleich rechts eine Reihe altmodischer Häuser, an denen keine einzige Frontmauer senkrecht geblieben ist; es sind die Reste des alten, vorindustriellen Manchester,

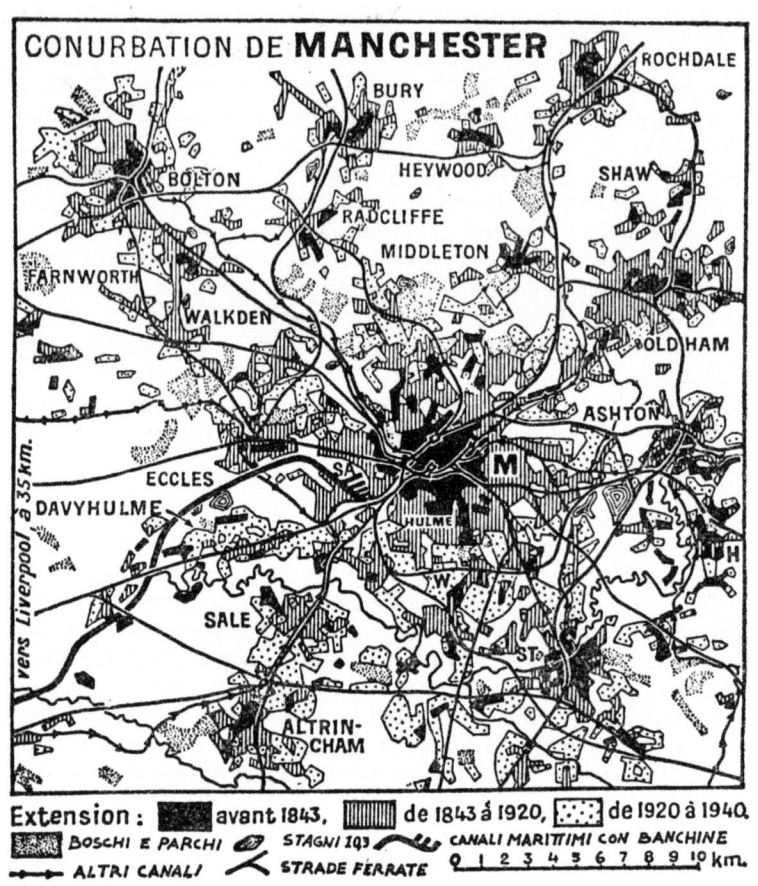

15 Die bauliche Entwicklung von Manchester (aus P. George: Les Villes)

deren frühere Einwohner sich mit ihren Nachkommen in besser gebaute Bezirke gezogen und die Häuser, die ihnen zu schlecht waren, einer stark mit irischem Blut vermischten Arbeiterrasse überlassen haben. Man ist hier wirklich in einem fast unverhüllten Arbeiterviertel, denn selbst die Läden und Kneipen nehmen sich nicht die Mühe, etwas reinlich auszusehen. Aber das ist alles noch nichts gegen die Gassen und Höfe, die dahinter liegen und zu denen man nur durch enge überbaute Zugänge gelangt, in denen keine zwei Menschen aneinander vorbei können. Von der unordentlichen, aller vernünftigen Baukunst widersprechenden Zusammenwürfelung der Häuser, von der Gedrängtheit, mit der sie hier förmlich aneinandergepackt sind, kann man sich keine Vorstellung machen. Und es sind nicht nur die aus der alten Zeit Manchesters hinterlassenen Gebäude, die die Schuld davon tragen; die Verwirrung ist in neuerer Zeit erst auf die Spitze getrieben worden, indem überall, wo die ganze Bauart der früheren Epoche noch ein Fleckchen Raum ließ, später nachgebaut und angeflickt wurde, bis endlich zwischen den Häusern kein Zoll breit Platz blieb, der sich noch hätte verbauen lassen. Zur Bestätigung zeichne ich ein kleines Fleckchen aus dem Plane von Manchester hier ab – es ist nicht das schlimmste Stück und nicht der zehnte Teil der Altstadt.

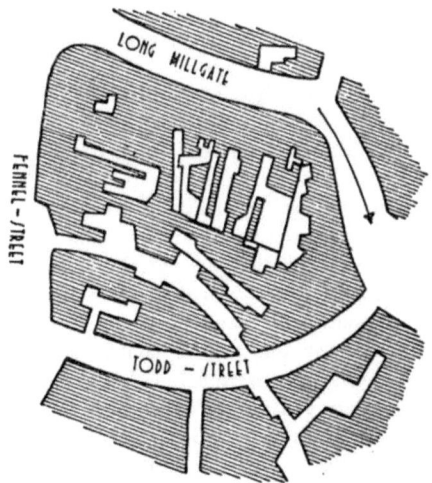

16

Diese Zeichnung wird hinreichen, um die wahnsinnige Bauart des ganzen Bezirks, namentlich in der Nähe des Irk, zu charakterisieren. Das Ufer des Irk ist hier auf der Südseite sehr steil und zwischen fünfzehn und dreißig Fuß hoch; an diese abschüssige Bergwand sind meist noch drei Reihen Häuser hingepflanzt, deren niedrigste sich unmittelbar aus dem Flusse erhebt, während die Vorderwand der höchsten auf dem Niveau der Hügelkrone in Long Millgate steht. Dazwischen stehen noch Fabriken am Flusse – kurz, die Bauart ist hier ebenso eng und unordentlich wie im unteren Teil von Long Millgate. Rechts und links führen eine Menge überbaute Zugänge von der Hauptstraße in die vielen Höfe ab, und wenn man hineingeht, dann gerät man in einen Schmutz und in eine ekelhafte Unsauberkeit, die ihresgleichen nicht hat – namentlich in den Höfen, die nach dem Irk hinabführen und die unbedingt die scheußlichsten Wohnungen enthalten, welche mir bis jetzt vorgekommen sind. In einem dieser Höfe steht gleich beim Eingange, wo der bedeckte Gang aufhört, ein Abtritt, der keine Tür hat und so schmutzig ist, daß die Einwohner nur durch eine stagnierende Pfütze von faulem Urin und Exkrementen, die ihn umgibt, in den Hof oder heraus können; es ist der erste Hof am Irk oberhalb Ducie Bridge, wenn jemand Lust haben sollte, nachzusehen; unten am Fluß stehen mehrere Gerbereien, die die ganze Umgebung mit animalischem Verwesungsgeruch erfüllen. In die Höfe unterhalb von Ducie Bridge steigt man meist auf engen, schmutzigen Treppen hinab und gelangt nur über Haufen von Schutt und Unrat an die Häuser. Der erste Hof unterhalb Ducie Bridge heißt Allen's Court und war zur Cholerazeit in einem solchen Zustande, daß die Gesundheitspolizei ihn ausräumen, fegen und mit Chlor ausräuchern ließ; Dr. Kay[1] gibt in einer Broschüre eine schreckenerregende Beschreibung von der damaligen Lage des Hofes. Seitdem scheint er teilweise abgebrochen und neu erbaut worden zu sein – von Ducie Bridge herab sieht man wenigstens noch mehrere Mauerruinen und hohe Schutthaufen neben einigen Häusern neueren Baues. Die Aussicht von dieser Brücke – zartfühlenderweise von einer mannshohen Brustwehr den kleineren Sterblichen verhüllt – ist überhaupt charakteristisch für den ganzen Bezirk. In der Tiefe fließt oder vielmehr stagniert der Irk, ein schmaler, pechschwarzer, stinkender Fluß, voll Unrat und Abfall, den er ans rechte, flachere Ufer anspült; bei trockenem Wetter bleibt an diesem Ufer eine lange Reihe der ekelhaftesten schwarzgrünen Schlammpfützen stehen, aus deren Tiefe fortwährend Blasen miasmatischer Gase aufsteigen und einen Geruch entwickeln, der selbst oben auf der Brücke, vierzig oder fünfzig Fuß über dem Wasserspiegel, noch unerträglich ist. Der Fluß selbst wird dazu noch alle fingerlang durch hohe Wehre aufgehalten,

---

[1] »The Moral and Physical Condition of the Working Classes, employed in the Cotton Manufacture in Manchester.« By James Ph. Kay, Dr. Med. 2nd edit. 1832. (Anmerkung von Engels.)

hinter denen sich der Schlamm und Abfall in dicken Massen absetzt und verfault. Oberhalb der Brücke stehen hohe Gerbereien, weiter hinauf Färbereien, Knochenmühlen und Gaswerke, deren Abflüße und Abfälle samt und sonders in den Irk wandern, der außerdem noch den Inhalt der anschließenden Kloaken und Abtritte aufnimmt. Man kann sich also denken, welcher Beschaffenheit die Residuen sind, die der Fluß hinterläßt. Unterhalb der Brücke sieht man in die Schutthaufen, den Unrat, Schmutz und Verfall der Höfe auf dem linken, steilen Ufer; ein Haus steht immer dicht hinter dem anderen, und wegen der Steigerung des Ufers sieht man von jedem ein Stück – alle schwarzgeraucht, bröckelig, alt, mit zerbrochenen Fensterscheiben und Fensterrahmen. Den Hintergrund bilden kasernenartige, alte Fabrikgebäude ...[2]

Die Neustadt ... zieht sich jenseits der Altstadt einen Lehmhügel zwischen dem Irk und St. George's Road hinauf. Hier hört alles städtische Aussehen auf; einzelne Reihen Häuser oder Straßenkomplexe stehen wie kleine Dörfer hier und da auf dem nackten, nicht einmal mit Gras bewachsenen Lehmboden; die Häuser oder vielmehr Cottages sind in schlechtem Zustande, nie repariert, schmutzig, mit feuchten und unreinen Kellerwohnungen versehen; die Gassen sind weder gepflastert noch haben sie Abzüge, dagegen zahlreiche Kolonien von Schweinen, die in kleinen Höfen und Ställen abgesperrt sind oder ungeniert an der Halde spazierengehn. Der Kot auf den Straßen ist hier so groß, daß man nur bei äußerst trockenem Wetter Aussicht hat durchzukommen, ohne bei jedem Schritt bis über die Knöchel zu versinken. In der Nähe von St. George's Road schließen sich die einzelnen bebauten Flecken dicht aneinander, man gerät in eine fortlaufende Reihe Gassen, Sackgassen, Hintergassen und Höfe, die je gedrängter und unordentlicher werden, je näher man dem Zentrum der Stadt kommt. Dafür sind sie freilich auch öfter gepflastert oder wenigstens mit gepflasterten Fußwegen und Rinnsteinen versehen; der Schmutz, die schlechte Beschaffenheit der Häuser und besonders der Keller bleibt aber derselbe.

Es wird am Orte sein, hier einige allgemeine Bemerkungen über die in Manchester übliche Bauart der Arbeiterviertel zu machen. Wir haben gesehen, wie in der Altstadt meist der reine Zufall über die Gruppierung der Häuser verfügte. Jedes Haus ist ohne Rücksicht auf die übrigen gebaut, und die winkligen Zwischenräume der einzelnen

---

[2] Friedrich Engels: »Die Lage der arbeitenden Klasse in England. Nach eigener Anschauung und authentischen Quellen.« Leipzig. 1845. Zitiert nach BAUWELT FUNDAMENTE, Bd. 27: Über die Umwelt der arbeitenden Klasse. Aus den Schriften von Friedrich Engels. Gütersloh, 1970.

Wohnungen werden in Ermangelung eines anderen Namens Höfe
(courts) genannt. In den etwas neueren Teilen desselben Viertels und
in anderen Arbeitervierteln, die aus den ersten Zeiten der aufblühen-
den Industrie herrühren, finden wir ein etwas planmäßigeres Arrange-
ment. Der Zwischenraum zwischen zwei Straßen wird in regelmäßi-
gere, meist viereckige Höfe geteilt, etwa so:

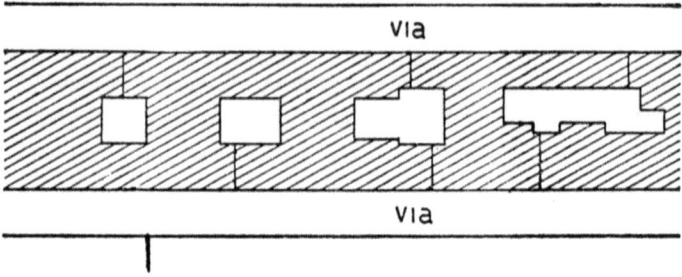

17

die von vornherein so angelegt wurden und zu denen verdeckte
Gänge von den Straßen führen. Wenn die ganz planlose Bauart der
Gesundheit der Bewohner durch die Verhinderung der Ventilation
schon sehr nachteilig war, so ist es diese Art, die Arbeiter in Höfe
einzusperren, die nach allen Seiten von Gebäuden umschlossen sind,
noch viel mehr. Die Luft kann platterdings nicht heraus; die Schornsteine der Häuser selbst sind, solange Feuer angehalten wird, die
einzigen Abzüge für die eingesperrte Luft des Hofes. Dazu kommt
noch, daß die Häuser um solche Höfe meist doppelt, je zwei mit der
Rückwand zusammengebaut sind, und schon das ist hinreichend, um
alle gute, durchgehende Ventilation zu verhindern. Und da die
Straßenpolizei sich nicht um den Zustand dieser Höfe bekümmert, da
alles ruhig liegenbleibt, was hingeworfen wird, so darf man sich nicht
über den Schmutz und die Haufen von Asche und Unrat wundern, die
man hier findet. Bin ich doch in Höfen gewesen – sie liegen an Millers
Street –, die mindestens einen halben Fuß tiefer lagen als die Hauptstraße und die auch nicht den mindesten Abfluß für das bei Regen-
wetter sich in ihnen ansammelnde Wasser hatten!
In späterer Zeit hat man eine andere Bauart angefangen, die jetzt die
allgemeine ist. Die Arbeitercottages werden jetzt nämlich nie einzeln,
sondern immer dutzend-, ja schockweise gebaut – ein einziger
Unternehmer baut gleich eine oder ein paar Straßen. Diese werden
dann in folgender Weise angelegt: Die eine Front – vergleiche
die Zeichnung – bilden Cottages ersten Ranges, die so glücklich

sind, eine Hintertür und einen kleinen Hof zu besitzen und die höchste Miete bringen. Hinter den Hofmauern dieser Cottages ist eine schmale Gasse, die Hintergasse (back street), die an beiden Enden zugebaut ist und in die entweder ein schmaler Weg oder ein bedeckter Gang von der Seite her führt. Die Cottages, die auf diese Gasse führen, bezahlen am wenigsten Miete und sind überhaupt am meisten vernachlässigt. Sie haben die Rückwand gemeinsam mit der dritten Reihe Cottages, die nach der entgegengesetzten Seite hin auf die Straße gehen und weniger Miete als die erste, dagegen mehr als die zweite Reihe tragen. Die Anlage der Straße ist also etwa so:

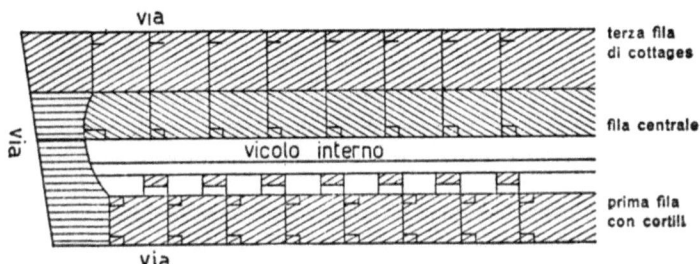

18

Durch diese Bauart wird zwar für die erste Reihe Cottages eine ziemlich gute Ventilation gewonnen und die der dritten Reihe wenigstens nicht gegen die der entsprechenden in der früheren Bauart verschlechtert; dagegen ist die Mittelreihe mindestens ebenso schlecht ventiliert wie die Häuser in den Höfen und die Hintergasse selbst stets in demselben schmutzigen und unansehnlichen Zustand wie jene. Die Unternehmer ziehen diese Bauart vor, weil sie ihnen Raum spart und Gelegenheit gibt, die besser bezahlten Arbeiter durch höhere Miete in den Cottages der ersten und dritten Reihe desto erfolgreicher auszubeuten.

Diese dreierlei Formen des Cottagebaus findet man in ganz Manchester, ja in ganz Lancashire und Yorkshire wieder, oft vermengt, aber meist hinreichend geschieden, um hieraus schon auf das verhältnismäßige Alter der einzelnen Stadtteile schließen zu können. Das dritte System, das der Hintergassen, ist das in dem großen Arbeiterbezirk östlich von St. George's Road zu beiden Seiten Oldham Road und Great Ancoats Street entschieden vorherrschende und findet sich auch in den anderen Arbeiterbezirken von Manchester und seinen Vorstädten am häufigsten.

In dem erwähnten großen Bezirk, den man unter dem Namen Ancoats begreift, sind die meisten und größten Fabriken von Manchester an den Kanälen angelegt – kolossale, sechs- bis siebenstöckige Gebäude, die mit ihren schlanken Rauchfängen hoch über die niedrigen Arbeitercottages emporragen. Die Bevölkerung des Bezirks sind daher hauptsächlich Fabrikarbeiter und, in den schlechtesten Straßen, Handweber. Die Straßen, die dem Zentrum der Stadt am nächsten liegen, sind die ältesten und daher die schlechtesten, doch sind sie gepflastert und mit Abzügen versehen; ich rechne hierzu die nächsten Parallelstraßen von Oldham Road und Great Ancoats Street. Weiterhin nach Nordosten findet man manche neugebaute Straße; hier sehen die Cottages nett und reinlich aus, die Türen und Fenster sind neu und frisch angestrichen, die inneren Räume rein geweißt; die Straßen selbst sind luftiger, die leeren Bauplätze zwischen ihnen größer und häufiger. Aber das läßt sich nur von der kleineren Zahl der Wohnungen sagen; dazu kommt dann noch, daß Kellerwohnungen fast unter jeder Cottage eingerichtet, daß viele Straßen ungepflastert und ohne Abzüge sind, und vor allem, daß dieses nette Aussehen doch nur Schein ist, Schein, der nach den ersten zehn Jahren schon verschwunden ist. Die Bauart der einzelnen Cottages selbst ist nämlich nicht weniger verwerflich als die Anlage der Straßen. Solche Cottages sehen alle anfangs nett und solide aus, die Ziegelmauern bestechen das Auge, und wenn man durch eine neugebaute Arbeiterstraße geht, ohne sich um die Hintergassen oder die Bauart der Häuser selbst näher zu bekümmern, so stimmt man in die Behauptung der liberalen Fabrikanten ein, daß nirgends die Arbeiter so gut wohnen wie in England. Aber wenn man näher zusieht, so findet man, daß die Mauern dieser Cottages so dünn sind, wie es nur möglich ist, sie zu machen. Die äußeren Mauern, die das Kellerstockwerk, das Erdgeschoß und das Dach tragen, sind höchstens einen ganzen Ziegel dick – so daß in jeder waagerechten Schicht die Ziegel mit der langen Seite aneinandergefügt werden; ich habe aber manche Cottages gesehen, bei denen die äußeren Mauern nur einen halben Ziegel dick waren und die Ziegel also nicht der Breite, sondern der Länge nach gelegt waren, so daß sie mit der schmalen Seite aneinanderstießen. Dies geschieht teilweise, um Material zu sparen, teilweise aber auch, weil die Bauunternehmer nie die Eigentümer des Bodens sind, sondern ihn nach englischer Sitte auf zwanzig, dreißig, vierzig, fünfzig oder neunundneunzig Jahre gemietet haben, nach welcher Zeit er mit allem, was darauf ist, dem ursprünglichen Besitzer wieder zufällt, ohne daß dieser für gemachte Anlagen etwas zu bezahlen hätte. Die Anlagen werden also vom Pächter darauf berechnet, daß sie nach Ablauf der kontraktlichen Zeit so wertlos wie möglich sind; und da solche Cottages oft nur zwanzig oder dreißig Jahre vor diesem Zeitpunkt errichtet werden, so ist es leicht zu begreifen, daß die Unternehmer nicht zuviel darauf verwenden werden. Dazu kommt noch, daß diese Unternehmer, meist Maurer und Zimmerleute oder Fabrikanten, teils um den Mietertrag nicht zu verringern, teils wegen herannahenden Rückfalls des Bauplatzes, wenig oder gar nichts auf Reparaturen verwenden, daß wegen Handelskrisen und der darauf folgenden Brotlosigkeit oft ganze Straßen leerstehen und daß infolge hiervon die Cottages sehr rasch verfallen und in unbewohnbaren Zustand geraten.«[3]

Und so sah es in einem verkommenen Cottageviertel aus:

»Der abscheulichste Fleck – wenn ich alle die einzelnen Flecke detaillieren wollte, würde ich nicht zu Ende kommen – liegt aber auf der Manchester-Seite, gleich südwestlich von Oxford Road und heißt Klein-Irland (Little Ireland). In einem ziemlich tiefen Loche, das in einem Halbkreis vom Medlock und an allen vier Seiten von hohen Fabriken, hohen bebauten Ufern oder Aufschüttungen umgeben ist, liegen in zwei Gruppen etwa 200 Cottages, meist mit gemeinschaftlichen Rückwänden für je zwei Wohnungen, worin zusammen an 4000 Menschen, fast lauter Irländer, wohnen. Die Cottages sind alt, schmutzig und von der kleinsten Sorte, die Straßen uneben, holperig und zum Teil ungepflastert und ohne Abflüsse; eine Unmasse Unrat, Abfall und ekelhafter Kot liegt zwischen stehenden Lachen überall herum, die Atmosphäre ist durch die Ausdünstungen derselben verpestet und durch den Rauch von einem Dutzend Fabrikschornsteinen verfinstert und schwer gemacht – eine Menge zerlumpter Kinder und Weiber treibt sich hier umher, ebenso schmutzig wie die Schweine, die sich auf den Aschenhaufen und in den Pfützen wohl sein lassen – kurz, das ganze Nest gewährt einen so unangenehmen, so zurückstoßenden Anblick wie kaum die schlechtesten Höfe am Irk. Das Geschlecht, das in diesen verfallenden Cottages, hinter den zerbrochenen und mit Ölleinwand verklebten Fenstern, den rissigen Türen und abfaulenden Pfosten oder gar in den finstern nassen Kellern, zwischen diesem grenzenlosen Schmutz und Gestank in dieser wie absichtlich eingesperrten Atmosphäre lebt – das Geschlecht muß wirklich auf der niedrigsten Stufe der Menschheit stehen – das ist der Eindruck und die Schlußfolgerung, die einem bloß die Außenseite dieses Bezirks aufdrängt. Aber was soll man sagen, wenn man hört, daß in jedem dieser Häuschen, das allerhöchstens zwei Zimmer und den Dachraum, vielleicht noch einen Keller hat, durchschnittlich zwanzig Menschen wohnen, daß in dem ganzen Bezirk nur auf etwa 120 Menschen ein – natürlich meist ganz unzugänglicher – Abtritt kommt und daß trotz allen Predigens der Ärzte, trotz der Aufregung,

---

[3] a. a. O.

in die zur Cholerazeit die Gesundheitspolizei über den Zustand von Klein-Irland geriet, dennoch alles heute im Jahr der Gnade 1844 fast in demselben Zustande ist wie 1831? Dr. Kay erzählt, daß nicht nur die Keller, sondern sogar die Erdgeschosse aller Häuser in diesem Bezirk feucht seien; daß früher eine Anzahl von Kellern mit Erde aufgefüllt worden, allmählich aber wieder ausgeleert und jetzt von Irländern bewohnt würden – daß in einem Keller das Wasser – da der Boden des Kellers tiefer lag als der Fluß – fortwährend aus einem mit Lehm verstopften Versenkloch herausgequollen sei, so daß der Bewohner, ein Handweber, jeden Morgen seinen Keller habe trocken schöpfen und das Wasser auf die Straßen gießen müssen!«[4]
Gewiß beschreibt Engels die schlimmsten Mißstände und nicht die Durchschnittsverhältnisse. Seine Darstellung einer Grenzsituation findet aber ihre Rechtfertigung in der öffentlichen Meinung, die dergleichen, unabhängig von seiner statistischen Größenordnung, nicht mehr zulassen wollte. Darauf beruhen alle Anklagen in der zeitgenössischen Literatur und die Reformbestrebungen der folgenden Zeit. Die Mißstände in der vorindustriellen Umwelt wurden als schicksalhaft hingenommen. Es gab sie seit undenklichen Zeiten, und sie schienen – jedenfalls in der Perspektive jeder einzelnen Generation – im wesentlichen unabänderlich. Die Industriestadt aber stellt eine neue Tatsache dar. Innerhalb kurzer Zeit ist sie unter den Augen derjenigen, die ihre Widerwärtigkeiten ertragen müssen, entstanden. Sie ist etwas noch nie Dagewesenes, widerspricht allem bisher Gewohnten und übersteigt das Vorstellungsvermögen der Zeitgenossen. Gleichwohl ist sie keineswegs etwas Unabänderliches und Unumgängliches. Noch hat man zwar kein vernünftiges Kontrollsystem für die neuen Entwicklungen gefunden, aber es scheint selbstverständlich, daß der menschliche Erfindungsgeist und die Kraft der Maschinen, die diese Wirklichkeit haben entstehen lassen, sie auch in eine andere Richtung lenken können.
Zu jeder Zeit hat es Elend wie das von Engels und anderen Schriftstellern des frühen 19. Jahrhunderts beschriebene, ja vielleicht noch schlimmeres gegeben, und man kann ihren Darstellungen so wie Barbagallo[5] Texte von Vauban (1698), Boisguillebert (1699) und Mercier (1783) gegenüberstellen. Tatsächlich beruht der Unterschied zwischen älteren und jüngeren Darstellungen nicht auf den erwähnten Tatsachen, sondern auf dem Ton ihrer Beschreibungen: in der vorindustriellen Zeit klingt er traurig und resigniert, jetzt aber revolutionär und, trotz der grauenhaften Gegenwart, vom Vertrauen auf die Zukunft erfüllt. Die Armut, die seit Jahrhunderten ohne

---

[4] a. a. O., S. 78–81
[5] C. Barbagallo, Le origini della grande industria contemporanea, Kap. 19.

Hoffnung auf vernünftige Alternativen ertragen wurde, wird jetzt als
»Elend« erkannt, das heißt als ein Übel, das mit den verfügbaren
Mitteln zu beheben ist.
Aneurin Bevan schreibt: »Unter Elend verstehe ich das allgemeine
Bewußtsein von keineswegs notwendigen Entbehrungen – und sie
sind die normalen Lebensbedingungen von Millionen von Menschen
in den modernen Industriestädten –, verbunden mit einer tiefen Enttäuschung und Unzufriedenheit mit den örtlichen Verhältnissen. Es
hat keinen Zweck, dem entgegenzuhalten, daß die Dinge doch besser
stünden als früher. Die Menschen leben heute und nicht in der Vergangenheit. Ihre Unzufriedenheit ergibt sich aus dem Gegensatz
zwischen dem, von dem man weiß, daß es möglich wäre, und den
tatsächlichen Zuständen. Es besteht eine allgemeine und berechtigte
Überzeugung, daß es der großen Masse von Männern und Frauen
schlechter geht, als es ihnen gehen könnte.«[6]
Es erscheint darum sinnvoll, die Anfänge der modernen Stadtplanung
in dem Augenblick zu untersuchen, in dem diese Tatsachen so spürbar
werden, daß sie bei den Betroffenen nicht nur Unbehagen, sondern
auch Protest hervorrufen. Dabei muß die historische Darstellung auch
die sozialen Probleme berücksichtigen, um zu beweisen, daß die
moderne Stadtplanung mit Recht als ein Teil des Versuches betrachtet
werden kann, alle Klassen an den Früchten der industriellen Revolution teilnehmen zu lassen, und um ein für allemal die Notwendigkeit
festzustellen, daß die Politik in die technische Diskussion einbezogen
wird.
Nicht zufällig kommt es 1819 gerade in Manchester mit der sogenannten »Schlacht von Peterloo« zu dem ersten Zwischenfall, mit dem
die sozialen Unruhen des 19. Jahrhunderts beginnen.
Die repressive Regierungspolitik hatte die Arbeitervereinigungen und
die extremistischen Radikalen veranlaßt, gemeinsame Sache zu
machen. Die Arbeiter lasen Cobbetts »Weekly Political Register«, das
seit 1816 für zwei Pence verkauft wurde, und die Regierung beantwortete das mit der Mobilisierung von Polizei und Heer. Dabei ließ
sie Leute unter Mißachtung der jahrhundertealten Garantien der
Habeas-Korpus-Akte inhaftieren. »Es war am 16. August 1819 auf dem
St. Petersfeld bei Manchester«, so berichtet Trevelyan, »eine friedliche,
unbewaffnete Menge von 60 000 Männern, Frauen und Kindern durfte
sich ungehindert versammeln; und dann schickten die Behörden, voll
Schreck über den Anblick einer solchen Masse, die berittene Miliz, um
den Redner, den bekannten Radikalen Hunt, zu verhaften, nachdem
die Versammlung schon in voller Ordnung begonnen hatte. Als die
Reiter, die sich ihren Weg durch das Gedränge bahnten, angeschrien

[6] Zitiert nach »Il Mondo« vom 20. Dezember 1960.

und abgedrängt wurden, ließ die Behörde die in Reserve gehaltene Kavallerie eine Attacke reiten. Ihr Stoß trieb die dicht gedrängte Masse fluchender und schreiender Menschen vom Platz weg, während sich die Miliz, wackere Tories, munter ihrer Säbel bediente. In den Unruhen dieses Tages wurden elf Leute, darunter zwei Frauen, getötet oder tödlich verwundet; über hundert erlitten Stichwunden und mehrere Hunderte wurden von den Hufen der Pferde oder im Gedränge der Flucht verletzt, darunter allein über hundert Frauen.«[7]

Diese Episode beschäftigte sofort die Phantasie der Zeitgenossen, die ihr den Namen »Schlacht von Peterloo« gaben. Die Geschichte hat die darin zum Ausdruck kommende Einschätzung des Ereignisses bestätigt. In allen Schulbüchern folgt darum der Name Peterloo unmittelbar und wie eine Entsprechung auf Waterloo, um den Gegensatz zwischen dem Glanz der Außen- und dem Dunkel der Innenpolitik deutlich zu machen.

Was die Zeitgenossen bewegte, waren nicht so sehr die Tatsachen als solche oder die Grausamkeit der verantwortlichen Stellen, die wohl keinen vorgefaßten Plan ausführten, sondern sich der Panik überließen. Vielmehr bedrückte sie die Unsinnigkeit des Verhaltens auf beiden Seiten, das offensichtlich in eine Sackgasse geführt hatte. Die Obrigkeit konnte von ihren harten Maßnahmen auf die Dauer keinerlei vernünftiges Ergebnis erwarten, denn die englische Geschichte hatte es schon seit geraumer Zeit unmöglich gemacht, mit solchen Mitteln zu regieren; und die Demonstranten ihrerseits – die Bewohner der von Engels beschriebenen Gassen und Höfe – rebellierten in einem elementaren Aufstand, der noch kein genaues Aktionsprogramm besaß.

William Cobbett prägte den Ausdruck »das Ding«, »mit dem er Minister, Städtekäufer, Pensionenbezieher, Junker, Geistliche und Fabrikanten umfaßte, jenen Bund, von dem er England gefesselt, geknechtet und ausgesaugt sah«[8]. Von Vorstellungen dieser Art waren auch die Demonstranten von Peterloo erfüllt, denn noch waren sie nicht in der Lage, ihren Protest gegen präzise Ziele zu richten.

Das Unbehagen an den Industriestädten und der Protest ihrer Einwohner artikuliert sich also vorerst in einer ideologischen Leere, deretwegen die Gesellschaft in den ersten Jahrzehnten des neunzehnten Jahrhunderts noch keine Mittel hat, diesen Übeln zu steuern.

---

[7] George Macaulay Trevelyan: Der Aufstieg des britischen Weltreichs im XIX. und XX. Jahrhundert. Brünn, 1938, S. 275 ff.
[8] a. a. O., S. 272

Denn die bisherigen Mittel reichen nicht aus und finden kein Vertrauen mehr und neue sind noch nicht vorhanden.
In der Folgezeit geht es deshalb darum, diese Leere mit einer Reihe von Einzelinitiativen, Empfehlungen und Gesetzen aufzufüllen, um zu einander ergänzenden Erfahrungen zu kommen. Denn nur so läßt »das Ding« sich präzisieren und verändern.
Die moderne Stadtplanung ist nicht nur ein Versuch, diesen Vorgang zu visualisieren, indem man seine Forderungen durch eine Raumordnung erfüllt, sondern sie stellt durch sich selbst einen konkreten Beitrag zum Aufbau einer demokratischen Gesellschaft dar. So büßt die Stadtplanung ihre scheinbare Unabhängigkeit von sozialen Konflikten ein, die sie sich im Schatten des Absolutismus bewahrt hatte, denn es wird deutlich, daß sie nicht in der Lage ist, die Struktur der Städte ein für allemal harmonisch zu ordnen. Bescheidener tritt sie jetzt als eine von vielen notwendigen Techniken auf, um zu dieser Harmonie zu kommen. Sie zielt nicht mehr auf eine Perfektion ab, die auf Anhieb zu realisieren wäre, sondern auf eine Reihe von Teilveränderungen, auf einen vernünftigen Kompromiß zwischen allen beteiligten Kräften, der entsprechend ihrem ständig sich verändernden Gleichgewicht dauernd erneuert werden muß.
In der Zeit von 1815 bis 1848 – von Waterloo bis zur Februarrevolution – bilden die technischen und politischen Aspekte in den städtebaulichen Überlegungen darum eine oft kaum voneinander zu trennende Einheit. Das gehört zu den charakteristischen Zügen der Zeit. Man braucht dazu nur an den radikalen Philosophen Jeremy Bentham zu erinnern, der die besten Jahre seines Lebens und einen guten Teil seines Vermögens auf den vergeblichen Versuch verwandte, sein »Panoptikum« zu realisieren, ein Modellgefängnis, in dem ein einziger Aufseher durch ein System von Spiegeln alle Gefangenen beobachten konnte, ohne von ihnen gesehen zu werden.
Die Selbstverständlichkeit, mit der man damals technische und ideologische Fragen der Stadtplanung miteinander verknüpfte, wirkt auf uns Heutigen irritierend und naiv. Denn sie geht von einer unzulänglichen Einschätzung der Betroffenen und der tatsächlichen Schwierigkeiten aus, mit denen man es zu tun hatte, die aber erst nach und nach erkennbar wurden. Gleichwohl hat die Verbindung von beidem etwas sehr Überzeugendes und ist ein Beweis für die Einheitlichkeit der Ideen, die den verschiedenen stadtplanerischen Versuchen vor 1848 zugrunde lagen. Deshalb ist diese Zeit, die in Hinsicht auf das, was sie tatsächlich zustande brachte, eher zur Vorgeschichte des modernen Städtebaus gehört, reich an beachtlichen methodologischen Ansätzen. Schon damals wird nämlich der doppelte, zugleich wissenschaftliche und moralische Charakter der modernen Stadtplanung deutlich. Denn es zeichnet sich bereits die eigentümliche

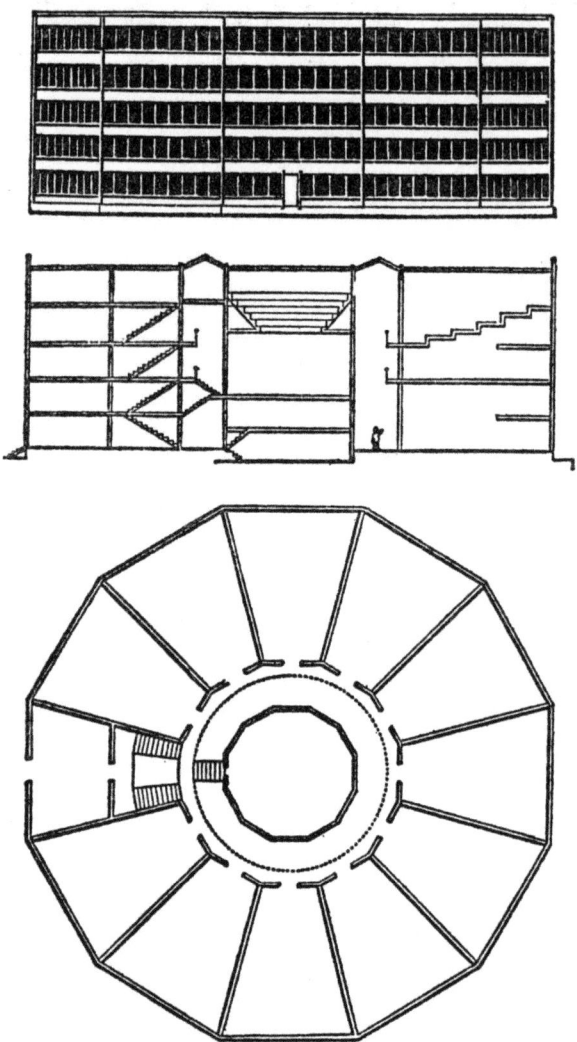

19 Bentham's Arbeitshaus, Ansicht, Querschnitt parallel zu einer Seite des Polygons und Grundriß. Bentham's Arbeitshaus für 2000 Personen jeden Alters sollte von einem einzigen Aufseher, dessen Platz in der Mitte des Polygons war, überwacht werden und trug deswegen den Namen »Panoptikum«. Die Alkoven mit den Betten für Erwachsene und Kinder waren, wie aus dem Querschnitt ersichtlich, in allen fünf Stockwerken an den Außenwänden der Arbeitssäle untergebracht (aus »Outline of a Work, entitled PAUPER MANAGEMENT improved«; Bentham's Works, Band VIII, Seite 369–439).

Verbindung von Motiven ab, die die verantwortungsbewußte Tätigkeit ihrer Promotoren von dem subalternen und buchstäblich evasiven Tun früherer Künstler unterscheidet und mit einem Wort Brechts als

> »Zorn und Zähigkeit. Wissen und Empörung...
> Begreifen des Einzelnen und Begreifen des Ganzen«[9].

bezeichnet werden kann.
Innerhalb dieses Rahmens zeichnen sich anfangs allerdings zwei vorläufig voneinander ganz unabhängige Richtungen in der Stadtplanung ab. Die eine geht von einem ideologischen Gesamtmodell aus, das eine Alternative zu den bestehenden Städten darstellt und das man fern von ihnen zu realisieren versucht. Die andere setzt bei den technischen Problemen an, die mit der Entwicklung der Industriestadt zusammenhängen, und versucht, deren Mängeln im einzelnen abzuhelfen. Mit der Zeit nähern beide Richtungen sich einander an und verschmelzen. Denn die Versuche zur Verwirklichung der theoretischen Modelle führen zur Konfrontation mit der Wirklichkeit, und die Maßnahmen zur Lösung technischer Einzelprobleme lassen deren Zusammenhänge und schließlich das Gesamtproblem einer Raumplanung ins Blickfeld treten.
Darum wollen wir unsere Darstellung in zwei Hauptabschnitte unterteilen. Der erste soll die Utopien des neunzehnten Jahrhunderts – nämlich die von Owen, Saint-Simon, Fourier und Cabet – und die Versuche zu ihrer Verwirklichung behandeln. Der zweite gilt der Untersuchung der Maßnahmen, die das traditionelle Gleichgewicht der Bodennutzung zerstört und dadurch das Bedürfnis nach einem neuen kalkulierten Gleichgewicht geweckt haben. Wie wir sehen werden, bilden nicht die großen öffentlichen Bauaufgaben die Ansatzpunkte dafür, sondern die kleinen hygienischen Unannehmlichkeiten der Industriestädte, die durch das Zusammenwirken mehrerer Faktoren entstehen. Sie machen eine Gesetzgebung notwendig, die bald über den sanitären Bereich hinaus den ganzen Städtebau einbezieht.

---

[9] Bertolt Brecht: Die Maßnahme (1932). Zitiert nach der Suhrkamp-Ausgabe der »Stücke«, Frankfurt/Main 1955, Band IV, S. 307.

Die Utopien des neunzehnten Jahrhunderts

Owen und die englische Genossenschaftsbewegung

Robert Owen (1771–1858) mußte sich schon mit zehn Jahren als Handlungsgehilfe in London sein Brot verdienen. 1789 gründete er eine kleine Textilfabrik und war mit ihr so erfolgreich, daß er zehn Jahre später zusammen mit ein paar Gesellschaftern die Spinnereien in New Lanark in Schottland erwerben konnte. 1793 wurde er Mitglied der »Literary and Philosophical Society of Manchester«. Dort lernte er John Dalton kennen und geriet vermutlich unter den Einfluß von Thomas Percival, der zu den Promotoren der ersten Fabrikgesetze gehörte. Es ist auch behauptet worden, daß er die Lehren von Thomas Spence (1750–1814) gekannt habe, einem der radikalen Philosophen, die in der Zeit der antijakobinischen Reaktion von der Regierung verfolgt wurden. Aber seine Vorstellungen, die auf seinen unmittelbaren Erfahrungen als Arbeiter und als Industriekapitän beruhten, haben etwas durchaus Originales, das sie von denen der Zeitgenossen deutlich abhebt. Er entdeckt nämlich, daß der Selfmademan in den von der öffentlichen Meinung akzeptierten Theorien der Nationalökonomen eine reine Abstraktion ist, weil das individuelle Schicksal hauptsächlich von den Bedingungen des Milieus abhängt. Um dieses Schicksal zu bessern, muß man deshalb das Milieu beeinflussen, das vor jedem – individuellen oder kollektiven – wirtschaftlichen Gewinn für den Menschen bekömmlich sein sollte. Diese Idee erprobte Owen sofort in den Spinnereien von New Lanark, wo er durch Erhöhung der Löhne, Verkürzung der Arbeitszeit, menschenwürdige Wohnungen und vor allem 1816 durch die Einrichtung der »Institution for the Formation of Character« eine Reihe von Verbesserungen für die Arbeiter einführte.

»Diese Einrichtung«, sagte Owen selbst bei der Eröffnung, »ist vor allem für die Kinder in ihren ersten Lebensjahren, sobald sie laufen können, geschaffen worden... Der Mittelraum des Erdgeschosses soll für sie hergerichtet werden, und hier sollen sie bei schlechtem Wetter spielen und sich die Zeit vertreiben. Bei gutem Wetter dürfen sie sich dagegen auf dem eingefriedeten Stück vor dem Haus aufhalten... Wenn sie dann etwas größer sind, werden sie in den Räumen rechts und links in die Grundlagen des Allgemeinwissens eingeführt, damit sie noch vor ihrem siebenten Lebensjahr einen fortgeschritteneren Unterricht erhalten können... Nach Absolvierung dieser beiden Vorschulkurse kommen die Kinder dann hier in diesen Raum (der auch als Kapelle dienen soll). Zusammen mit dem Nebenzimmer wird er der Hauptschulraum sein, in dem man lesen, schreiben, rechnen, nähen

und stricken lernt. Das alles soll nach unserem Plan ausgiebig unterrichtet werden, bis die Kinder zehn Jahre alt sind, denn früher darf keines von ihnen werktätig werden.
Zum Besten von Körper und Geist sollen sowohl Knaben wie Mädchen tanzen lernen, die Knaben werden außerdem im Exerzieren unterwiesen. Knaben und Mädchen mit schönen Stimmen sollen singen und diejenigen von den Knaben, die musikalisches Gefühl haben, ein Instrument spielen lernen. Sie sollen nämlich Gelegenheit zu soviel verschiedenartiger unschuldiger Unterhaltung bekommen, wie die Räumlichkeiten es erlauben.
Das Ost- und das Westzimmer des Erdgeschosses werden bei schlechtem Wetter den Schülern außerhalb der Schulstunden zu ihrer Erholung und für Leibesübungen zur Verfügung stehen.
Auf diese Weise wird das Haus im Winter tagsüber benutzt. Im Sommer aber sollen die Schüler ihre Kenntnisse durch unmittelbare Anschauung von Natur und Kunst erweitern und zu diesem Zweck mit ihren Lehrern häufig in die nähere und weitere Umgebung hinausgehen.
Nach dem Unterricht für die Kinder, die noch zu jung für eine Berufsarbeit sind, sollen die Räume geputzt, gelüftet und im Winter beleuchtet, geheizt und in jeder Beziehung behaglich hergerichtet werden, um andere Bevölkerungskreise aufzunehmen. Die Räume auf diesem Stockwerk sollen dann den Kindern und Jugendlichen beiderlei Geschlechts zur Verfügung stehen, die tagsüber werktätig sind und sich im Lesen, Schreiben, Rechnen, Nähen und Stricken vervollkommnen oder etwas anderes Nützliches erlernen wollen. Zu diesem Zweck halten sich jeden Abend zwei Stunden Lehrer und Lehrerinnen für sie bereit.
Die drei unteren Räume, die im Winter ebenfalls beleuchtet und gut geheizt werden, sind der erwachsenen Bevölkerung vorbehalten. Hier ist dafür gesorgt, daß man lesen, schreiben, rechnen, nähen oder spielen, sich unterhalten und umhergehen kann...
An zwei Abenden in der Woche gibt es Musik und Tanz. Aber auch dann wird dafür gesorgt sein, daß diejenigen, die lieber lernen oder ihre sonstige Beschäftigung an den anderen Abenden fortsetzen wollen, das tun können. Einer der Räume wird gelegentlich auch für den Unterricht älterer Einwohner benutzt werden...
Ich möchte das allen gleichermaßen zugute kommen lassen. Aber die Umstände zwingen mich gegenwärtig, mein Wirken zum allgemeinen Besten auf einen kleinen Kreis zu beschränken. An irgendeinem Punkt mußte ich mit meiner Aktivität ansetzen, und zufällig hat es sich ergeben, daß dieser Punkt hier liegt...
Aber... es war schon immer meine Absicht, diese Einrichtung, sobald sie ganz fertiggestellt ist, nicht nur den Kindern aus unserer

Siedlung zur Verfügung zu stellen. Auch jeder Einwohner von Lanark oder Umgebung, der nicht in der Lage ist, seine Kinder selbst zu erziehen, kann den Wunsch äußern, sie hierher zu schicken, wo ihnen die gleiche Fürsorge und Aufmerksamkeit wie den Kindern aus dieser Siedlung zuteil werden soll.«[10]

Es ist kaum möglich, sich dem Eindruck dieser Rede aus dem Jahr 1816 zu entziehen. Zum ersten Mal nimmt hier eine philanthropische Initiative die konkrete Gestalt einer festen pädagogischen Einrichtung an. Von der Erziehung ausgehend, trachtet Owen danach, das Leben der ganzen Gemeinschaft zu erfassen, indem er neben der Fabrikarbeit Fortbildung und Freizeit berücksichtigt und jeder Funktion den entsprechenden Raum und die angemessene Zeit zur Verfügung stellt.
Die kapitalistische Wirtschaft und die neue Art der Arbeit in den Fabriken haben zu einer Zerstörung der alten Siedlungsformen geführt und dadurch die Übel und das Elend hervorgerufen, die überall in England zu beobachten sind. Aber eben diese Methoden lassen sich von der Arbeit auf andere menschliche Lebensbereiche und von der Fabrik auf die Städte übertragen und erlauben es so, eine mögliche Umkehrung des bisherigen Desintegrationsprozesses, der auf einer einseitigen Anwendung eben dieser Methoden beruht, ins Auge zu fassen.
Die »Institution« und die anderen Einrichtungen Owens in New Lanark funktionierten ein paar Jahre lang hervorragend. Aber Owens Experiment drängte seiner Natur nach zur Verallgemeinerung. Darum empfahl er schon ein Jahr später in seinem Bericht für eine parlamentarische Untersuchung über die Lage der Armen seine Utopie als Allheilmittel für die sozialen Nöte der Zeit[11].
Wodurch, fragt er sich, entsteht Arbeitslosigkeit?
Am Ende des Krieges verfügte England über »eine Produktivkraft, als hätte die Bevölkerung sich um das Fünfzehn- bis Zwanzigfache vermehrt.« Als aber die Kriegsproduktion eingestellt wurde, »hätten alle Reichtümer der Welt nicht mehr genügt, um das zu kaufen, was diese gewaltige Kraft produzierte. Die Folge davon war ein Rückgang der Nachfrage. Als es darum notwendig wurde, die Produktion entsprechend einzuschränken, zeigte sich sofort, daß die Arbeitskraft der Maschinen sehr viel billiger war als die der Menschen. Darum behielt

---

[10] Robert Owen: An Address to the Inhabitants of New Lanark, Delivered at New Lanark, on Opening the Institution for the Formation of Character, on the 1st of January, 1816. (In »A New View of Society and other Writings«, London, 1927, S. 98, 99 und 101.)

[11] R. Owen: Report to the Committee for the Relief of the Manufacturing Poor. March 1817, a. a. O. S. 157–164.

man jene und verzichtete auf diese. Menschliche Arbeitskraft steht darum heute zu einem sehr viel niedrigeren Preis zur Verfügung als dem, der unbedingt notwendig wäre, um dem Individuum auch nur den üblichen Lebensstandard zu sichern.... Schon bei flüchtiger Überlegung wird deshalb klar, daß die arbeitenden Klassen heute nicht über angemessene Mittel verfügen, um mit der Maschine zu konkurrieren. Daraus ergeben sich drei Möglichkeiten:

- Die Verwendung von Menschen muß stark eingeschränkt werden oder

- Millionen von Menschen müssen verhungern, um das gegenwärtige Produktionsniveau aufrechtzuerhalten, oder

- für die Armen und arbeitenden Klassen muß eine gewinnbringende Beschäftigung gefunden werden, der die Maschinen dienstbar zu machen sind, anstatt sie wie bisher zu verdrängen.«

Owen weist nach, daß nur die dritte dieser Möglichkeiten annehmbar ist, und formuliert als Ziel unumgänglicher Reformbemühungen, »im Rahmen eines Systems, das dem maschinellen Fortschritt keine Grenzen setzt, für die armen und arbeitenden Klassen eine gewinnbringende Beschäftigung zu finden«. Von diesen politischen Voraussetzungen ausgehend, die sich mit denen des Frühsozialismus decken, legt Owen seinen Plan dar:

»Jedes Programm, um die Lebensbedingungen der Armen zu verbessern, sollte Wege weisen, um deren Kinder von schlimmen Gewohnheiten abzuhalten und zu guten Gewohnheiten anzuleiten; Unterricht und zweckmäßige Ausbildung für die vorsehen; den Erwachsenen Arbeit bieten; dafür sorgen, daß ihre Arbeit und ihre Ausgaben ihnen selbst und der Gesellschaft insgesamt den größtmöglichen Nutzen bringen; und sie in eine Lebenslage versetzen, die ihnen unnötige Versuchungen erspart und zu einer Übereinstimmung ihrer Interessen mit ihren Pflichten führt.
Diese Vorteile kann man weder einzelnen Individuen und Familien noch allzu großen Massenansammlungen verschaffen. Nur Siedlungen von mindestens 500, höchstens 1500 und durchschnittlich 1000 Personen bieten die geeignete Voraussetzung für deren Verwirklichung...
Auf der Abbildung ist im Vordergrund eine derartige Siedlung mit den notwendigen Nebengebäuden und einem entsprechenden Grundbesitz zu sehen. In angemessener Entfernung liegen Dörfer desselben Typus.
Die quadratisch angeordneten Bauten jedes Dorfes können ungefähr 1200 Personen beherbergen und sind von einem Terrain von 400 bis 600 Hektar umgeben. Innerhalb des Quadrates stehen die öffent-

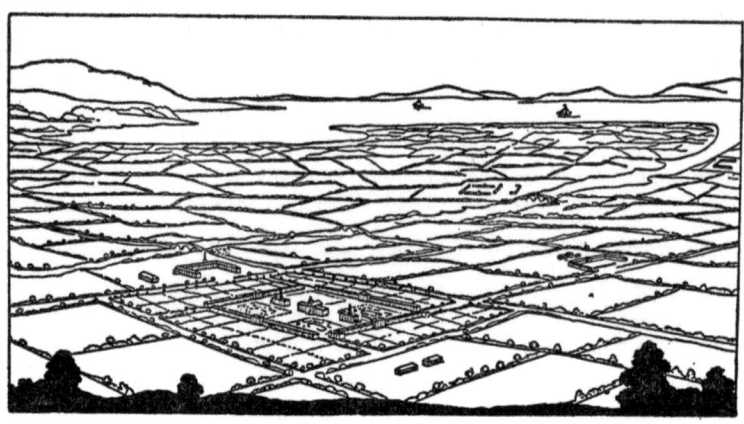

20

lichen Gebäude, die es in mehrere Rechtecke unterteilen. Der Mittelbau enthält die Gemeinschaftsküche und Speiseräume mit allem rationalen und bequemen Zubehör. Rechts davon steht ein Gebäude mit der Kleinkinderschule im Erdgeschoß und einem Lese- und einem Betsaal im Obergeschoß. Links steht die Schule für die größeren Kinder mit einem Versammlungsraum im Erdgeschoß und einer Bibliothek und Räumen für die Erwachsenen im Obergeschoß. Auf dem Freigelände innerhalb des Quadrates befinden sich Sportplätze und Erholungsanlagen, die man sich baumbestanden vorstellen muß. Von den umgebenden Bauten sind drei Flügel den Wohnungen – vor allem für Verheiratete – vorbehalten, von denen jede aus vier Räumen besteht. Der vierte Flügel enthält Schlafräume für die Kinder, die mehr als drei Jahre alt sind oder aus Familien mit mehr als drei Kindern stammen. In der Mitte dieses Flügels befinden sich die Wohnungen für das Aufsichtspersonal in den Schlafräumen, rechts und links außen liegen Krankenstation und Gästehaus... Die Wohnungen für die Oberaufseher, den Geistlichen, die Lehrer, den Wundarzt usw. liegen in der Mitte der Seitenflügel. In dem Flügel dazwischen sind die Lagerräume für alles im Dorf Notwendige unter-

gebracht. Hinter den Häusern, außerhalb des Quadrates, liegen von Straßen umgebene Gärten. An einer Seite schließen sich Kraftanlagen und Produktionsstätten, Ställe und Schlachthaus an, die von der Siedlung durch Baumpflanzungen getrennt sind. Auf der gegenüberliegenden Seite befinden sich die Wäscherei, die Bleiche und in größerem Abstand die Landwirtschaftsgebäude mit Brauerei und Mühle. Rundherum breiten sich Felder und Wiesen aus, deren Grenzen mit Obstbäumen bepflanzt sind...
Jede Wohnung soll Raum für einen Mann, seine Frau und zwei Kinder unter drei Jahren bieten und mit sehr viel mehr Komfort als die üblichen Armeleutewohnungen ausgestattet sein.
Alle Kinder von mehr als drei Jahren sollen die Schule besuchen und gemeinsam essen und schlafen. (Selbstverständlich können die Eltern sie beim Essen oder zu einem anderen geeigneten Zeitpunkt sehen und sich mit ihnen unterhalten.) Bis zum Ende ihrer Schulzeit sollen sie alles für sie Nützliche und Notwendige erlernt haben. Sorgfältig ist darauf zu achten, daß sie weder von ihren Eltern noch von anderen Menschen schlechte Gewohnheiten übernehmen. Keine Mühe soll gespart werden, um sie zu einem glücklichen Leben zu befähigen und zu tauglichen und nützlichen Mitgliedern der Gemeinschaft zu machen, der sie angehören.
Die Frauen sollen sich vor allem um ihre Kinder und um ihren Haushalt kümmern, ihren Garten anbauen und das für die Gemeinschaftsküche notwendige Gemüse ziehen. In den für Frauenarbeit geeigneten Fabriken sollen sie – jedoch nicht mehr als vier oder fünf Stunden täglich – arbeiten. Schließlich halten sie die Kleidung aller Gemeinschaftsangehörigen instand, arbeiten abwechselnd in der Gemeinschaftsküche, den Speise- und Schlafräumen und übernehmen, soweit sie über die notwendigen Bildungsvoraussetzungen verfügen, einen Teil der Kindererziehung in den Schulen.
Es ist vorgesehen, die größeren Kinder, ihren Kräften entsprechend für einen Teil des Tages zur Hilfe bei der Garten- und Fabrikarbeit heranzuziehen. Alle Männer arbeiten in der Landwirtschaft und in den Fabriken oder sind mit anderen für die Gemeinschaft nützlichen Arbeiten beschäftigt.
Die Unwissenheit der Armen, ihre schlechte Ausbildung und mangelhafte Verstandesbildung machen es notwendig, daß in der ersten Generation die tägliche, regelmäßige Arbeit der Männer aus einer untergeordneten, wenn auch gesunden und produktiven Arbeit besteht, was der dargelegte Plan im weitesten Ausmaß ermöglicht.
Um eine genauere Vorstellung von den Gründungskosten für eine solche Siedlung von 1200 Einwohnern zu geben, folgt ein Kostenvoranschlag, ... der auch den Preis für eventuell zu erwerbenden Grund und Boden enthält.

485 Hektar Land	£ 36.000
Wohnungen für 1200 Personen	17.000
3 öffentliche Gebäude	11.000
Fabriken, Schlachthaus, Wäscherei	8.000
Mobiliar für 300 Wohnungen zu je 8 £.	2.400
Mobiliar für Küche, Schule, Schlafsäle	3.000
2 landwirtschaftliche Betriebe mit Mühle und Brauerei	5.000
Straßenbau und Anlagen	3.000
Saatgut	4.000
Verschiedenes	6.600
	£ 96.000

Daraus errechnet sich bei 1200 Menschen eine Kapitalinvestition von 80 £ pro Kopf bzw. eine 5prozentige Rendite von 4 £ pro Jahr.« Dieser Plan wurde 1820 in einem Bericht für die Behörden der Grafschaft Lanark noch weiter ausgeführt[12]. Sein erster Teil enthält eine ausführliche volkswirtschaftliche Abhandlung, die von folgenden Voraussetzungen ausgeht:

- »Richtig eingesetzte Handarbeit ist die Quelle allen Wohlstands und nationalen Gedeihens.

- Bei richtigem Einsatz erbringt Handarbeit der Gesellschaft mehr als notwendig ist, um dem Arbeiter einen beachtlichen Lebensstandard zu sichern.

- Bei richtigem Einsatz ist es möglich, der Handarbeit selbst bei stärkstem Bevölkerungszuwachs überall in der Welt ihr Lohnniveau zu sichern.

- Durch zweckmäßige Organisation der Handarbeit können Großbritannien und die von ihm abhängigen Länder sogar eine Bevölkerungsexplosion ohne Schaden überstehen.

- Bei zweckmäßigem Einsatz der Arbeit würde man feststellen, daß der zum Nutzen der Gesellschaft wünschenswerte Bevölkerungszuwachs noch jahrelang durch keinerlei Anreiz erzielt werden kann.«

Elend und Arbeitslosigkeit können deshalb nur die Folge »eines schweren künstlichen Hindernisses sein, das sich der natürlichen Entwicklung und dem Fortschritt der Gesellschaft entgegenstellt«. Dieses Hindernis ist nicht naturbedingt, sondern »eine Folge der schnellen gegenwärtigen Veränderungen. Denn »der Mangel an gewinnbringender Beschäftigung für die arbeitende Klasse und das daraus

---

[12] R. Owen: Report to the County of Lanark, May 1st, 1820. a. a. O., S. 246 ff.

sich ergebende allgemeine Unbehagen sind auf das rasche Wachstum der Produktivität zurückzuführen, für deren zweckmäßige Verwendung die Gesellschaft nicht die notwendigen Vorkehrungen getroffen hat«.
Diese These, die die bisher allgemein akzeptierte Theorie von Malthus umkehrt, wird anschließend durch streng volkswirtschaftliche Überlegungen erhärtet:

– »Wissenschaft und Technik steigern zwar die menschliche Produktivität, die natürlichen Bedürfnisse des Menschen bleiben aber dieselben. Der Mensch wird nur unabhängiger von seiner physischen Kraft und deren Zufälligkeiten.

– Jeder wissenschaftliche, maschinelle und chemische Fortschritt hat eine unmittelbare Steigerung der Güterproduktion zur Folge. Als Grund für die gegenwärtige Arbeitslosigkeit ist darum eine Produktion von Gütern anzusehen, die bei der bestehenden Handelsorganisation von den gesamten Märkten der Welt nicht aufgenommen werden kann.

– In Anbetracht der großen Zahl von Arbeitslosen und der noch größeren Zahl aus Unwissenheit falsch eingesetzter Arbeitskräfte, vor allem aber in Hinblick auf unsere Möglichkeiten, die wissenschaftlichen Grundlagen der Produktion unbegrenzt zu erweitern, könnte – wenn sich aufnahmefähige Märkte fänden – der Wohlstand der Gesellschaft in unvorhergesehenem Maß zunehmen.

– Die Arbeitslosigkeit ist keine Folge von Kapitalmangel oder der Unmöglichkeit, das bereits vorhandene Kapital in großem Maßstab zu vermehren. Sie ist vielmehr die Folge einer falschen Verteilung dieses neuen Kapitals in der Gesellschaft. Kaufmännisch gesprochen, beruht sie also auf dem Fehlen von Märkten und Tauschmitteln, die ebenso expansionsfähig wie die Produktionsmittel sind.«

Auf diesen Überlegungen beruhen die Hauptpunkte von Owens Wirtschaftsprogramm: die menschliche Arbeit als Werteinheit für die Währung und die Schaffung eines mit dem Produktionsapparat identischen Marktes durch Lohnerhöhungen, die es den Arbeitern ermöglichen, aus bloßen Produktionsmitteln zu Konsumenten der von ihnen produzierten Güter zu werden.
Hierzu bedarf es einiger Änderungen bei der Organisation der Arbeit, vor allem beim Ackerbau, den Owen mit der Hacke anstatt mit dem Pflug vornehmen lassen und zur Grundbeschäftigung der gesamten Bevölkerung machen möchte. Daraus ergibt sich die nächste Frage, die das Problem auf städtebauliche Ebene verlagert: »Wie sollen diese Neubauern angesiedelt und organisiert werden, damit ihre Arbeit

ihnen selbst und der Gemeinschaft den größtmöglichen Nutzen bringt?« Owen beantwortet sie folgendermaßen:

- »Empfehlenswert sind Siedlungen von wenigstens 300 und höchstens 2000 Männern, Frauen und Kindern im natürlichen Zahlenverhältnis ... vorzugsweise von 800 bis 1200 Menschen.
- Die von solchen Gemeinschaften zu bearbeitende Agrarfläche soll 2000 bis 6000 Quadratmeter pro Person..., das heißt für 1200 Personen 240 bis 720 Hektar betragen.
- Die Beschreibung der Wohnsiedlung entspricht der von 1817. Alle Gebäude sollen um einen großen rechteckigen Platz gruppiert sein.

Die vier Seiten des Rechtecks werden von den Wohnungen für die Erwachsenen, den überwachten Gemeinschaftsschlafräumen für die Kinder, den Lagerräumen ... dem Gästehaus und der Krankenstation gebildet. In der Mitte des Rechtecks befinden sich die Kirche oder Andachtsräume, Schule, Küche und Speisesäle.«

»Da es wichtig ist, daß die von den Wohnungen umschlossene Freifläche von ausreichender Größe ist, soll das Gebäudeviereck – unabhängig davon, ob seine Einwohnerzahl sich dem vorgesehenen Maximum oder Minimum nähert – weiträumig geplant werden. Um mehr oder weniger Bewohner aufnehmen zu können, dürfen die Häuser bis zu vier Stockwerke mit entsprechender Innenaufteilung haben, die aber auf jeden Fall sehr einfach sein soll.

Küchen sind wegen der Gemeinschaftsverpflegung nicht notwendig. Die Wohnungen sollen gut zu lüften und, wenn nötig, nach dem kürzlich im Krankenhaus von Derby eingeführten System zu klimatisieren sein. Um die Luft stets rein und gut temperiert zu halten, sind dafür in jedem Raum nur zwei Klappen oder Ventile notwendig, die man öffnen und schließen kann.

Ein zweckmäßig aufgestellter Ofen in angemessener Größe genügt, um mehrere Wohnungen zu beheizen. Wenn sein Einbau bei der Planung vorgesehen wird, verursacht er wenig Umstände und geringe Kosten ... Schlafzimmer, die zum Garten und offenen Land hin liegen, und Wohnräume zur inneren Freifläche hinaus bieten den Genossenschaftsbauern jede wünschenswerte Annehmlichkeit.«

Für die Erziehung der Kinder sieht Owen diesmal »eine Grundschule für die Zwei- bis Sechsjährigen und eine Sekundarschule für die Sechs- bis Zwölfjährigen« vor.

Die Gärten liegen auch hier außerhalb des Gebäudekomplexes und sind durch Baumbestände gegen die entfernter liegenden Werkstätten und Fabriken abgeschirmt. Seinen Gesamtplan vergleicht

Owen mit einer Maschine und schließt seine Ausführungen: »Wenn die Erfindung vieler Maschinen die Produktivität auf zahlreichen Gebieten, zum unmittelbaren Nutzen einiger weniger und zum Nachteil vieler anderer, vervielfacht hat, so ist dies eine Maschine, um die physische Effizienz und das geistige Wohlbefinden der gesamten Gesellschaft unbegrenzt zu erhöhen, ohne, selbst bei raschester Verbreitung, irgend jemandem Schaden zuzufügen.«[13]
Dieses Exposé Owens stellt die erste moderne Stadtplanung dar, die von den politischen und wirtschaftlichen Voraussetzungen bis zum Bauprogramm und zur Finanzierungsfrage durchgearbeitet ist. Die Öffentlichkeit interessierte sich dafür, war aber vor allem überrascht und verwirrt. Owen selbst veröffentlichte noch 1817 einige erklärende Artikel im »London Newspaper«[14] zu seinem Programm, das er außerdem im August desselben Jahres bei zwei öffentlichen Versammlungen in London erläuterte. Die Resonanz bei der Regierung und den Zeitungen war positiv, auch Nationalökonomen wie Ricardo äußerten ihre Zustimmung. Kritisch dagegen verhielten sich die Fachleute, unter ihnen Malthus, Cobbett und Place. Thomas Love Peacock karikierte ihn in einem seiner Romane als »Mr. Allzugut, den Genossenschaftsarbeiter... Er will die Welt wie ein Schachbrett in Quadrate aufteilen und in jedes eine Genossenschaft hineinsetzen, wo einer für den anderen arbeitet und eine große Dampfmaschine ihnen gemeinsam als Schneider und Strumpfwirker, als Küche und Koch dient.«[15]
Was Owens Argumentation bei den damaligen Fachleuten sofort diskreditierte, war seine Umkehrung der gewohnten nationalökonomischen Begriffe, insbesondere seine Bewertung der Dampfmaschine als einer Art »Mädchen für alles« und nicht als eines Instrumentes, um die industrielle Produktivität zu erhöhen. Uns Heutigen erscheint der Owen-Plan gerade deshalb als wichtig, weil er zum ersten Mal die vom mechanischen Fortschritt aufgeworfenen Organisationsprobleme ins Auge faßt und in eine Denkrichtung verweist, von der dann nach und nach die Experimente der modernen Stadtplanung ausgingen. Gleichzeitig erkennen wir aber auch Owens Schwächen, weil wir heute in der Lage sind, den ungeheuren Abstand zwischen seiner schematischen Darstellung und der vielschichtigen Problematik zu ermessen, die erst in der Folgezeit sichtbar wurde. Insbesondere übersieht Owen in seinem Eifer, die Fesseln der alten Ordnung zu sprengen

---

[13] a. a. O., S. 285–286.
[14] »London Newspaper« vom 30. Juli, 15. August, 19. August, 22. August und 10. September 1817.
[15] Bertrand Russell: Freiheit und Organisation 1814–1914. Berlin, 1948. S. 187.

und eine neue Sozial- und Raumordnung zu entwerfen, die Schwierigkeiten, die der Realisierung seines Planes durch die individuelle Freiheit des einzelnen erwachsen mußten. In seinem Exposé für die Behörden der Grafschaft Lanark beschränkt er sich darauf zu sagen:

»Gegründet werden können diese neuen Produktionsgemeinschaften von einem oder mehreren Grundbesitzern; von Gesellschaften, denen große Kapitalien zur Finanzierung philanthropischer und öffentlicher Aufgaben zur Verfügung stehen; von örtlichen Behörden, die sich von der Last der Armensteuer befreien möchten, oder von Bürger- oder Arbeitervereinen, deren Mitglieder in Landwirtschaft, Industrie oder Handel tätig sind und sich den Übeln des gegenwärtigen Systems entziehn wollen. Die neuen Gemeinschaften würden der Zentralregierung unterstellt bleiben, Steuern in der gesetzlichen Währung zahlen (während im Verkehr untereinander die neue Arbeitswährung zur Anwendung kommt) und im Kriegsfall Soldaten stellen; andererseits würden sie der Justiz des Landes nicht zur Last fallen, weil sie in vollständiger Harmonie leben und deshalb ohne Gerichte und Gefängnisse auskommen.«[16]

Der Versuch, Owens Theorie in die Praxis umzusetzen, legte deren Schwäche sofort bloß. Owen unterbreitete seinen Plan allen bedeutenden Persönlichkeiten seiner Zeit: dem künftigen Zar Nikolaus I. bei dessen Besuch in New Lanark, Napoleon I. in der Verbannung auf Elba, dem Kaiser Alexander I. von Rußland während des Aachener Kongresses und natürlich der englischen Regierung[17]. Da das alles vergeblich blieb, entschloß er sich endlich zu einem eigenen Versuch. 1825 erwarb er 12 000 Hektar Land in Indiana und ließ sich dort 1826 mit seiner Familie und etwa 800 Anhängern nieder, die bereit waren, die Weltharmonie unmittelbar zu verwirklichen.
Der Entschluß, nach Amerika auszuwandern, entsprach der europäischen Gewohnheit, die Neue Welt als Feld für Versuche anzusehen, die in Europa unmöglich waren; er knüpfte zudem an die jüngsten Erfahrungen der Napoleonischen Veteranen an, die nach Waterloo in Amerika das Champ d'Asyle gegründet hatten, und an das Experiment der Sektierer im Gefolge des württembergischen Predigers Georg Rapp, der das Dorf Harmony gegründet hatte, das Owen jetzt kaufte[18].

---

[16] Report to the County of Lanark, S. 295.
[17] B. Russell, a. a. O., S. 190.
[18] R. W. Leopold erwähnt in »Robert Owen, a Biography«, Cambridge, 1940, S. 25, ein Lied, das die Anhänger Owens 1825 sangen:
Land of the West, we fly to thee
sick of the old World's sophistry.

Der Ort, der jetzt den Namen New Harmony erhielt, war schachbrettartig angelegt. In seiner Mitte lag ein Platz, der von großen Ziegelbauten umgeben war. Der Herzog von Sachsen-Weimar, der ihn im Jahre 1826 besuchte, erzählt:

»Mr. Owen war für meinen Besuch dankbar und erbot sich, mir alles zu zeigen. Da der Plan, der für die Rappiten berechnet war, sich nicht für Owens Gesellschaft eignete, sollte vieles verändert werden. Alle noch vorhandenen Blockhütten sollten abgerissen werden, und nur die gemauerten Häuser stehenbleiben. Außerdem sollten alle Zäune der einzelnen Gärten, ja überhaupt alle Einfriedungen außer denen an den Hauptstraßen, die über das Gelände führen, entfernt werden. Das Ganze sollte einem Park gleichen, in dem die einzelnen Häuser zerstreut liegen.«[19]

Owen zog viele gebildete Amerikaner in sein Dorf, unter anderen eine Gruppe von Wissenschaftlern und Pädagogen, die in einem von William Maclure konstruierten neuartigen Schiff namens Boatload Knowledge ankamen. Ihnen hatte sich Frances Wright, eine schottische Freundin von Lafayette, angeschlossen, die 1825 in der Nähe von Memphis für Gegner der Sklaverei die Kolonie Nashoba gegründet hatte.

Vor allem auf dem Gebiet der Schulorganisation wurden wichtige Experimente unternommen, aber die wirtschaftlichen Schwierigkeiten und die inneren Unstimmigkeiten ließen das ganze Unternehmen bald scheitern. Einer von Owens Anhängern richtete in dessen Abwesenheit heimlich eine Whisky-Destillerie ein. Bald darauf gründete Maclure eine Gemeinschaft von Abtrünnigen, Macluria, die bei anderen Nachahmung fand. So war Owen 1828 gezwungen, seinen Besitz zu verkaufen. Seine späteren Versuche, seine Theorie dem Präsidenten Jackson und dem mexikanischen General Santa Anna darzulegen, blieben erfolglos[20].

Erst als Owen jetzt verarmt in sein Vaterland zurückkehrte, entdeckte er das richtige Publikum für seine Theorien, die Arbeiterklasse und die im Entstehen begriffenen Gewerkschaften.

1824 wurde das Koalitionsverbot aufgehoben, und in den Jahren darauf bildeten sich viele Arbeitervereinigungen. Die Genossenschafts-

---

[19] Bernhard Herzog von Sachsen-Weimar-Eisenach: Travels through North America during the Years 1825 and 1826, Philadelphia, 1828, Bd. II, S. 108.

[20] Zur Zeit, als Owen New Harmony gründete, unternahmen andere Anhänger von ihm ähnliche Experimente im schottischen Orbiston (1826) und im irischen Ralahine (1831), scheiterten aber ebenfalls sehr bald.

bewegung, die schon auf das 18. Jahrhundert[21] zurückging und neuerdings durch George Mudie[22] wieder ins Gespräch kam, erfuhr durch William King, der 1828 bis 1830 die Zeitung »The Cooperator« herausgab, und durch eine Londoner Gruppe unter Führung von William Lovett und Henry Hetherington aktive Förderung[23]. Als Owen aus den Vereinigten Staaten zurückkehrte, trat er an die Spitze dieser Bestrebungen, gründete 1832 den National Equitable Labour Exchange (wo Kauf und Verkauf der produzierten Waren in Arbeits-Währung stattfinden sollte) und versuchte eine große Einheitsbewegung zur unmittelbaren Reform der englischen Wirtschaft und Gesellschaft ins Leben zu rufen. 1833 verkündeten die Bauarbeiter die Gründung der Grand National Guild of Builders, erklärten sich bereit, die ganze Bauindustrie auf genossenschaftlicher Basis zu übernehmen, und boten den Arbeitgebern Direktionsposten in der neuen Organisation an. Gleich darauf vereinigten sich die Delegierten der Trade Unions des ganzen Landes im Labour Exchange, um die Grand National Consolidated Trade Union ins Leben zu rufen, die es zu einer Million Mitgliedern brachte, aber schon bald in Konflikt mit der Regierung geriet und sich 1834 auflöste.

Nach diesen Ereignissen zog Owen sich aus der Öffentlichkeit zurück, aber sein Einfluß trug immer noch Früchte. Viele Trade Unions und Genossenschaften diskutierten ernsthaft seine Siedlungstheorien und schickten sich an, sie in die Praxis umzusetzen. Eine Gemeinschaft nach Owens Muster existierte 1839 bis 1845 in Queenswood in Hampshire. Vor allem nach dem Zusammenbruch des Chartismus 1842, beeinflußte Owens Theorie die zweite Phase der Genossenschaftsbewegung nachdrücklich, die von der Pioneer Society von Rochdale ihren Ausgang nahm.

1844 von einer Gruppe von Anhängern Owens als Konsumgenossenschaft gegründet, sollte sich dieser Verein allmählich in eine regelrechte Lebensgemeinschaft verwandeln. Dieses Ziel wurde aber nach und nach aufgegeben, während die wirtschaftlichen Initiativen er-

---

[21] Die ersten Genossenschaftsmühlen wurden gegen 1760 in Woolwich und Chatham gegründet. Die ersten Konsumgenossenschaften entstanden in Schottland, und zwar 1796 die Fenwick Weaver's Society und 1777 die Govan Victualling Society. In Birmingham wurde 1777 eine Schneidergenossenschaft gegründet und 1795 der erste Genossenschaftsladen, der Oldham Cooperative Supply, eröffnet.

[22] Mudie gründete 1821 die London Cooperative and Economical Society, deren Mitglieder in einer Gemeinschaft lebten, und gab 1821 bis 1824 die erste Genossenschaftszeitung, den »Economist«, heraus.

[23] Im Zusammenhang mit diesen Initiativen wurde 1827 vom »Cooperative Magazine« zum ersten Mal das Wort »socialism« gebraucht. (S. Bertrand Russell, a. a. O., S. 209.)

folgreich waren und zur Gründung einer Genossenschaftsmühle, eines Textilunternehmens und einer Baugesellschaft führten. 1848 trat John Malcolm, der sich mit den Versuchen von Philippe Buchez in Frankreich beschäftigt hatte, mit seinem christlichen Sozialismus auf den Plan. 1852 wurde ein Gesetz verabschiedet, das die juristische Stellung der Genossenschaften regelte, und 1863 fand die Gründung der North of England Cooperative Wholesale Society statt. Diese Genossenschaft verbreitete sich alsbald über einen großen Teil von England und drang 1868 auch nach Schottland vor. Von 1872 an nannte sie sich darum nur noch Cooperative Wholesale Society.
So konkretisierte sich Owens Ideal in den Jahren der Prosperität nach 1846 und im politischen Klima des neuen reformfreudigen Konservatismus, der nach der Revolution von 1848 ans Ruder kam, nur in wirtschaftlicher Hinsicht. Seine politischen und städtebaulichen Implikationen, die Owen als objektiv untrennbar damit verbunden angesehen hatte, aber wurden fallengelassen[24].

Der Saint-Simonismus

Als Junge sah der Graf de Saint-Simon (1760–1825) einmal, wie ein Wagen auf ein Kind losfuhr, das auf der Straße spielte. Jeder Philanthrop älterer Prägung wäre auf das Kind losgestürzt, um es von der Straße zu reißen, aber der spätere Prediger des Sozialismus pflanzte sich vor dem Wagen auf und wich nicht von der Stelle, damit das Kind ruhig weiterspielen konnte. So wies er auf seine Art schon auf die Wertskala des französischen Sozialismus und seiner Reformbestrebungen hin, die sich grundsätzlich von den englischen unterschieden.
Wie Owen waren auch Saint-Simon und Fourier noch in der Zeit vor der Französischen Revolution aufgewachsen. Saint-Simon hatte sogar an deren erster Phase teilgenommen, aber die politischen Vorstellungen der Revolution ließen keinen Raum für die darunterliegenden sozialen Probleme und die sich aus ihnen ergebenden städtebaulichen Folgerungen. Den Ursprung modernen stadtplanerischen

---

[24] Owens Modell wurde später von J. M. Morgan übernommen, der in den vierziger Jahren einen Plan für ein Christian Commonwealth entwarf und 1850 publizierte. Die neue Siedlungseinheit sollte Self-Supporting Institution heißen und 300 Familien in cottages mit je vier Räumen auf einem Gelände von rund 400 Hektar beherbergen. Das war Owens Utopie, zu der aber noch Seelsorge hinzukam. Einer von Morgans Anhängern war J. S. Buckingham, von dessen Stadtplanung für Victoria später noch die Rede sein wird.

Denkens muß man deshalb in Frankreich wie in England in der
düsteren Nachkriegszeit und in den Jahren der Restauration suchen,
als die theoretische Spekulation die Kluft zu schließen versuchte, die
zwischen den von der Revolution erweckten Hoffnungen und der
Wirklichkeit klaffte. In Frankreich hatte die Enttäuschung allerdings mehr politischen und ideologischen als wirtschaftlichen Charakter. Denn die schlimmsten Folgen der Industrialisierung, auch im
Städtebau, wurden erst nach 1830 spürbar, als der – wenn auch nur
teilweise unternommene – Versuch, das Ancien régime wiederher-
zustellen, die Künstlichkeit der traditionellen Formen des Zusammenlebens deutlich werden ließ.

In dieser Zeit gewinnt Saint-Simons soziale Theorie Gestalt[25]. Sie
geht von dem Grundsatz aus, daß die *industriels* – die Techniker und
die Arbeiterklasse – die Kommandoposten übernehmen und die
bisher herrschende Klasse entthronen sollen. Nach seinem Tod 1825
wurde Saint-Simons Lehre von seinen Schülern Rodrigues, Enfantin
und Chevalier weiterentwickelt, die 1826 die Zeitung »Le Produc-
teur« gründeten und 1828 bis 1830 eine systematische Darlegung
der gemeinsamen Lehre herausgaben[26]. Nach der Revolution von
1830 erhielten die Saint-Simonisten sehr viel mehr Freiheit, kon-
trollierten den »Globe« und vereinigten sich erst in der Pariser Rue
Monsigny, dann in Ménilmontant zu einer halbmönchischen Lebensgemeinschaft mit besonderer Tracht.

Die Häupter dieser Gruppe waren Barthélemy Enfantin (1796
bis 1864) und Armand Bazard (1791–1832), die den Titel »pères
suprêmes« annahmen. Als aber Enfantin im Gegensatz zur »Tyrannei
der Ehe« die Theorie der »freien Liebe« verkündete, zog Bazard sich
zurück, und Enfantin betonte den politischen Charakter der Gruppe
stärker, bis die Polizei 1832 die Bewegung auflöste.

Später versuchte Enfantin mehrmals den König Louis-Philippe für
seine Anschauungen zu gewinnen; 1841 wurde er zum Mitglied einer
Studienkommission für Algerien ernannt[27] und 1845 Sekretär der
Eisenbahngesellschaft Paris–Lyon.

Nachdem er 1837 persönlich versucht hatte, den Vizekönig Mohammed
Ali für den Bau eines Suez-Kanals zu interessieren, beteiligte er sich
an der Gründung der »Société d'Etudes pour le Canal de Suez«[28].

---

[25] Claude Henri de Rouvroy Comte de Saint-Simon: Du système industriel
(1821); Catéchisme des industriels (1823–24); Nouveau Christianisme
(1825).
[26] Exposition de la doctrine de Saint-Simon, Paris, 1828–30.
[27] Barthélemi Enfantin: Colonisation de l'Algérie, Paris, 1834.
[28] Vgl. G. Isambert: Les Idées sociales en France dès 1815 à 1848. Paris,
1905, S. 189–191.

Weder Saint-Simon noch seine Schüler ließen sich auch nur entfernt
auf genauere Überlegungen zur Stadtplanung ein – Chevalier legte
1832 im »Globe« einen phantastischen Plan für Paris vor, der die
Gestalt eines schreitenden Mannes hatte –, aber sie übermittelten den
französischen Fachleuten den Ehrgeiz, im großen Maßstab zu wirken,
und die Überzeugung vom moralischen Wert öffentlicher Bauten –
der grands travaux –, was in der Zukunft seine Bedeutung haben
sollte.

Fourier und sein Einfluß in Europa und Amerika

Ganz anders ist die Lehre von Charles Fourier (1772–1837), der nicht
von dem staatsbürgerlichen Elan der Saint-Simonisten, aber Schöpfer
einer auf einem ausgeklügelten politisch-philosophischen System beruhenden, bis in die kleinsten Details ausgearbeiteten exakten Utopie
war.
Fourier legte sein System zunächst in einer ausführlichen, 1808 an-
onym erscheinenden Schrift dar[29]. Eine Gesellschaft, die auf der
Konkurrenz von individuellen und Klasseninteressen beruht, erscheint ihm als unmoralisch und absurd. Seine Alternative ist die
Vereinigung aller Kräfte zur Verwirklichung einer universalen
Harmonie. Erreicht werden soll diese Harmonie durch Abschaffung
all jener Fesseln und Streitigkeiten, die in der gegenwärtigen Welt
die Befriedigung der Leidenschaften hemmen, und durch eine Gesellschaftsreform, die bei gebührender Berücksichtigung der Rechte
und Vorrechte anderer das volle Ausleben persönlicher Neigungen
garantiert.
Da er keine praktische Verantwortung übernehmen mußte, kam
Fourier in späteren Werken noch mehrmals auf sein System zurück,
das er in ihnen noch weiter ausbaute[30]. Nach der Julirevolution fand
er mehr Gehör, polemisierte gegen die anderen sozialistischen
Richtungen[31] und begann 1832 die Wochenschrift »Le Phalanstère
ou la Réforme Industrielle« herauszugeben. 1834 mußte diese Zeitschrift ihr Erscheinen einstellen, tauchte 1836 unter dem Namen
»La Phalange« wieder auf, verwandelte sich 1843 in die Tageszeitung
»La Démocratie Pacifique« und wurde schließlich 1850 verboten.
Nach Fouriers Theorie soll sich die Universalharmonie in sieben
historischen Zeitaltern schrittweise verwirklichen. Gegenwärtig

---

[29] Théorie des quatre Mouvements. Lyon, 1808.
[30] Traité de l'Association domestique-agricole, Paris, 1822; Nouveau Monde industriel et sociétaire, Paris, 1829–1830.
[31] Pièges et Charlatanisme de deux Sectes, St. Simon et Owen. Paris, 1831.

befindet sich die Menschheit beim Übergang vom vierten zum fünften Zeitalter, von der Barbarei zur Zivilisation. Charakteristisch für die Zivilisation ist das uneingeschränkte persönliche Eigentum, dem das folgende Zeitalter – das des »garantisme« – gewisse Beschränkungen auferlegen wird.
Und so wird eine Stadt im sechsten Zeitalter aussehen:

»Die Stadt ist in drei konzentrischen Kreisen anzulegen. Im ersten liegen die City oder Innenstadt, im zweiten die Vorstädte und die großen Fabriken, im dritten die Avenuen und der Stadtrand. In jeder der drei Stadtzonen haben die Bauten andere Abmessungen. Kein Gebäude darf ohne die Zustimmung eines Ausschusses von städtischen Baubeamten errichtet werden, die für die Einhaltung der folgenden Vorschriften sorgen.
Die drei Zonen sind voneinander durch Zäune, Hecken und Pflanzungen getrennt, die aber den Blick nicht verstellen dürfen.
Zu jedem Haus der City gehört freier Raum in Gestalt eines Hofes oder Gartens, der mindestens ebenso groß wie die überbaute Fläche ist. Dieser unbebaute Raum muß in der zweiten Zone das Doppelte, in der dritten das Dreifache der überbauten Fläche betragen.
Jedes Haus muß für sich stehen und auf allen Seiten Fassaden haben, deren Schmuck den drei Zonen entsprechend abgestuft ist. Brandmauern sind nicht gestattet. Der geringste Abstand zwischen zwei Gebäuden muß 6 Meter betragen ... Die Einfriedungen dürfen nur aus Eisengittern auf niedrigen Mauersockeln bestehen, die in wenigstens zwei Dritteln ihrer Höhe freien Durchblick gestatten.
Der Abstand der Häuser wird auch auf Hanggelände in der Horizontalen gemessen und muß mindestens die Hälfte der angrenzenden Hausfronten betragen.
Die Dächer müssen außer beim Vorhandensein seitlicher Ziergiebel Walmdächer sein und Regenrinnen haben, die das Wasser unter die Gehsteige ableiten.
Auf der Straßenseite darf die Traufhöhe die Straßenbreite nicht übersteigen. Der seitliche Abstand der Häuser muß mindestens ein Achtel der Breite ihrer Straßenfassade betragen ..., damit es nicht zu Bevölkerungsverdichtungen an einem Punkt kommt.
Am Ende jeder Straße soll der Blick auf freies Land oder ein öffentliches oder privates Baudenkmal fallen. Die Monotonie eines Schachbrettes ist zu vermeiden. Zu diesem Zweck werden manche Straßen gekurvt und geschlängelt sein. Ein Achtel der Fläche ist für öffentliche Plätze freizuhalten. Die Hälfte der Straßen ist mit Bäumen verschiedener Art zu bepflanzen.
Die geringste Straßenbreite beträgt 17 Meter. Sofern es sich um reine Fußgängerstraßen handelt, braucht der eigentliche Gehweg nicht

breiter als 6 Meter zu sein, die restlichen 11 Meter sind als Beete anzulegen.«[32]

In einer Stadt dieser Art »wird man keine kleinen Häuser bauen können«, sondern nur Kollektivbauten mit Gemeinschaftseinrichtungen, die dadurch die Kontakte zwischen den Bewohnern fördern. Diese Beschreibung nimmt auf überraschende Weise die Bauvorschriften des 19. Jahrhunderts vorweg. Allerdings gewannen diese nicht die Bedeutung für die gesellschaftliche Entwicklung, die Fourier ihnen zuschrieb. Dennoch bleiben sie wohl sein wichtigster Beitrag zur Stadtplanungspraxis der Zukunft. Er selbst betrachtet sie freilich nur als eine vorübergehende Erscheinung beim Übergang zur universalen Harmonie, die sich im siebten Zeitalter verwirklichen wird. Hier wird sich die Frage nach der geeigneten Siedlungsform von neuem ergeben, und an die Stelle einer nicht genau definierbaren Gemeinschaft wird die vernünftig zusammengesetzte funktionale Gruppe, die Phalange, treten, und die undifferenzierten Städte werden von zweckmäßig geplanten Baueinheiten, den Phalanstéres, abgelöst werden[33].

»Wir gehen davon aus, daß das Experiment von einem Souverän, einem reichen Privatmann ... oder einer Gesellschaft unternommen wird, die sich tastende Versuche ersparen und auf Anhieb die große Harmonie, das achte Zeitalter in seiner Vollkommenheit verwirklichen möchte. Ich will erklären, welcher Weg dazu einzuschlagen ist.
Für eine Gemeinschaft von 1500 bis 1600 Personen braucht man ein Grundstück von etwa einer Quadratmeile ... Man sorge dafür, daß es sich um ein hügeliges, für vielerlei Kulturen geeignetes Gelände in Waldnähe und mit einem Fluß handelt und daß nicht allzu fern, aber doch weit genug, um Unannehmlichkeiten zu vermeiden, eine Stadt liegt.«

Wenn man mit einem Souverän rechnet, der das Grundstück unentgeltlich zur Verfügung stellt, braucht man ein zusätzliches Kapital von 4 000 000 Franc, das in Aktien von je 10 000 Francs aufgeteilt wird. In der Theorie setzt man die Zahl der Mitglieder auf 810 nach einem bestimmten Schlüssel in verschiedene Gruppen unterteilte Personen fest, die die ›grande Harmonie domestique‹ bilden. Zu ihnen muß man 192 Kinder und Alte, 450 Kranke, Reisende, Novizen usw. und 168 Ersatzleute für die Aktiven hinzurechnen. Das ergibt eine Gesamtzahl von 1620 Personen. Auf zwanzig Frauen sollen einund-

---

[32] Charles Fourier: Oeuvres complètes. Paris, ² 1841. Bd. IV, S. 500–502.
[33] a. a. O., S. 426–468.

zwanzig Männer kommen. Das Einkommen der einzelnen schwankt nach den persönlichen Voraussetzungen. Die jährlichen Erträge sollen zu   5/12 der Handarbeit
4/12 dem Aktienkapital
3/12 dem theoretischen und praktischen Wissen
zugute kommen. Jeder kann, seinen Fähigkeiten entsprechend, an allen drei Einkommensarten – einzeln oder zusammen – teilnehmen. Mittellosen Mitgliedern streckt die Leitung des Phalanstère Verpflegung, Wohnung und Kleidung dritter Klasse für ein Jahr vor, verrechnet das später gegen die geleistete Arbeit und zahlt dann die Differenz aus.

»Das Gebäude, das eine Phalange bewohnt, hat keinerlei Ähnlichkeit mit unseren städtischen oder dörflichen Bauten ... Die Wohnungen, Pflanzungen und Ställe einer Gesellschaft müssen sich auf wunderbare Weise von unseren Dörfern und Vorstädten unterscheiden, in denen Familien wohnen, die nichts verbindet und die darum im Gegensatz zueinander handeln. An Stelle eines Chaos von kleinen Häusern, die einander an Schmutz und Häßlichkeit übertreffen, baut eine Phalange sich ein großes Gebäude, das so regelmäßig ist, wie das Grundstück es erlaubt ... Der mittlere Teil des Palastes oder Phalanstère soll friedlichen Beschäftigungen, den Speisesälen, der Börse, dem Beratungssaal, der Bibliothek und einem Lesesaal vorbehalten sein. Außerdem sind hier der Tempel, die tour d'ordre, das Telegraphenamt, die Brieftauben, die Feiertagsglocken, das Observatorium und, hinter dem Paradehof, ein großer Wintergarten mit immergrünen Pflanzen untergebracht. Einer der Flügel vereinigt alle lärmerzeugenden Werkstätten wie Schreinerei und Schmiede ... und außerdem versammeln sich hier auch die Kinder, die ja gewöhnlich sehr viel Lärm machen ... Im anderen Flügel liegt die Karawanserei mit ihren Ballsälen und Räumen, um sich mit Fremden zu treffen, damit sie keinen Platz im Mittelbau wegnehmen und nicht die häuslichen Beziehungen der Phalange stören.
Das Phalanstère soll außer den Wohnungen für die Familien auch viele Gemeinschaftsräume enthalten ... Um dem Palast keine allzu breite Fassade zu geben (für die Fourier etwa 600 Meter bei dem Hauptbau, 300 Meter bei den Flügeln vorsieht), soll man lieber zwei Gebäude errichten und zwischen den parallelliegenden Baukörpern einen freien Raum von mindestens 30 bis 40 Metern lassen. Dieser Raum wird alle 100 Meter unterbrochen von auf Säulen ruhenden verglasten Gängen in der Höhe des ersten Obergeschosses, die, wie es in Harmonie üblich ist, klimatisiert sind, und bildet infolgedessen drei längliche Höfe ... Hin und wieder soll der Palast Durchfahrten freigeben, die unter Umständen bis in das Souterrain reichen.

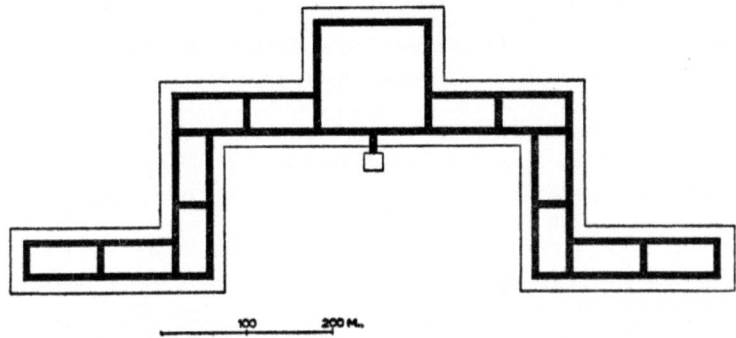

21 Schematischer Grundriß von Fouriers Phalanstère, der nach der Beschreibung im »Traité de l'Association domestique-agricole« gezeichnet und der zweiten Ausgabe von 1841 beigegeben ist. Die schwarzen Linien zeigen den Verlauf der rues intérieures an.

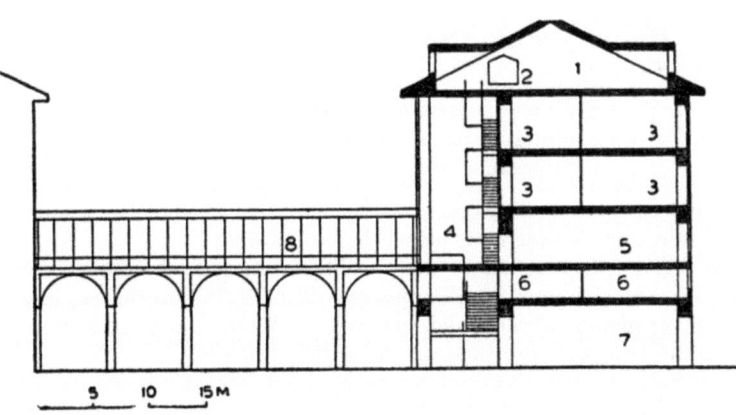

22 Schematischer Querschnitt durch ein Phalanstère nach den Angaben im Traité. 1 Dachgeschoß mit dem Gastzimmer; 2 Wasserbehälter; 3 Privatwohnungen; 4 rue intérieure; 5 Versammlungsräume; 6 Mezzanin mit den Wohnungen für die Kinder; 7 Erdgeschoß mit Durchfahrt für Wagen; 8 Überdachter Gang

Um Grundmauern zu sparen und das Entstehen von Kontakten zu beschleunigen, soll der Palast außer dem Erdgeschoß und dem Mezzanin, in dem die Kinder und die alten Leute untergebracht sind, drei weitere Geschosse und ein zusätzliches Dachgeschoß haben. Die Kinder sind von den Galerie-Straßen fernzuhalten, die zu den wichtigsten Dingen im Harmonie-Palast gehören ... Denn hier gibt es keine Straßen ohne Dächer, die der Unbill der Witterung ausgesetzt wären. Alle Teile des Gebäudes können über eine breite Galerie im ersten Stock erreicht werden (das Erdgeschoß wäre wegen der Durchfahrten ungeeignet für sie). Am Ende dieser Straße befinden sich auf Säulen ruhende oder unterirdische, gut gepflegte Gänge, die für alle Teile des Gebäudes eine nach außen abgeschlossene, elegante und mittels Öfen oder Ventilatoren angenehm temperierte Verbindung darstellen.

Die Galerie-Straßen bekommen nicht von beiden Seiten Tageslicht, sondern schließen unmittelbar an den Baukörper an. In ihm liegen zwei Reihen von Zimmern, von denen die eine auf das freie Land, die andere auf die Galerie-Straße hinausgeht. Darum muß die Galerie-Straße die Höhe aller drei Stockwerke haben, die auf dieser Seite durch sie ihr Licht erhalten. Die Wohnungstüren aller drei Stockwerke gehen ebenfalls auf die Galerie hinaus und sind im zweiten und dritten Stock jeweils durch Treppen zu erreichen.

Die Haupttreppe führt, wie üblich, nur ins erste Stockwerk, dafür gibt es aber zwei Seitentreppen, die bis ins Dachgeschoß gehen ... Die Galerie-Straße ist im Mittelteil 8 Meter, in den Seitenflügeln 6 Meter breit ... Die Tiefe der Gebäude beträgt etwa 20 Meter, die sich folgendermaßen ergeben:

Galerie	6–8 m
Zimmer an der Galerieseite	6 m
Zimmer an der Außenseite	8 m
2 Außenmauern	0,60 m

Einige Gemeinschaftsräume könnten dementsprechend etwa 14 Meter tief sein und Fenster nach beiden Seiten haben ...
Die Wohnungen sollen in den Größenordnungen abwechseln, weil sie 20 verschiedenen Preisklassen von 50 bis 1000 angehören, es soll aber vermieden werden, daß alle teuren Wohnungen im Mittelbau und die billigsten am Ende der Seitenflügel liegen.«

Der Dachstock enthält den ›Camp cellulaire‹, das heißt die Gästezimmer, und Wasserbehälter für Brandfälle.
Fourier verlor nie die Zuversicht, seine Utopie in die Wirklichkeit übertragen zu können. In Frankreich freilich führte der einzige Versuch, ein »Phalanstère« zu verwirklichen, zu einem vollständigen

Mißerfolg. 1832 erwarb M. Baudet Dulary, Abgeordneter des Départements Seine-et-Oise, ein Gut in Condé-sur-Vesgre, in der Nähe des Forstes von Rambouillet, um dort eine Gemeinschaft nach Fouriers Vorstellungen zu gründen. Aber das zur Verfügung stehende Kapital reichte nicht aus, und der Versuch mußte alsbald aufgegeben werden. Weitere Experimente wurden außerhalb Europas, in Algerien, Neukaledonien und vor allem in Amerika, unternommen, wo Albert Brisbane (1809-1890) Fouriers Ideen propagierte[34].
Zwischen 1840 und 1850 hatte diese Bewegung in den Vereinigten Staaten beträchtlichen Erfolg. Nicht weniger als 41 Gemeinschaften nach dem System Fouriers wurden gegründet. Zu den Anhängern der Bewegung gehörte Horace Greeley (1811-1872), der Herausgeber der »Tribune« in New York[35]. Beeinflußt von ihr wurden auch die neuenglischen Transzendentalisten, unter ihnen Charles A. Dana, Parke Godwin und George Ripley, der Gründer von Brook Farm, dem interessantesten dieser amerikanischen Experimente[36].
Ripley und seine Frau hatten im Sommer 1841 in West Roxbury, Mass., ein landwirtschaftliches und pädagogisches Zentrum gegründet. Dessen Mitglieder arbeiteten geistig oder körperlich, genossen völlige Gedankenfreiheit und bemühten sich, fern von den Interessen und Rivalitäten der übrigen Welt, um eine harmonische und ausgeglichene Gemeinschaft. Diese Gemeinschaft war wie eine Aktiengesellschaft organisiert. Ihre Erträgnisse wurden in Quoten unterteilt, die den aufgewandten Arbeitstagen entsprachen. Jedes Mitglied erhielt für einen Arbeitstag einen Dollar und außerdem Verpflegung, Wohnung, Heizung und Kleidung für sich und seine Familie zum Selbstkostenpreis. Zu den ersten Mitgliedern gehörten Nathaniel Hawthorne und Charles A. Dana, die in den Anfangsjahren gemeinsam die Landwirtschaft leiteten. Weitere Mitglieder waren John S. Dwight, Minot Pratt, George Patridge, Bradford und Warren Burton[37]. Vier Jahre lang wurde auch die Wochenschrift »The Harbinger« veröffentlicht, die sich mit sozialen und politischen Problemen beschäftigte.
Das Experiment zog Handwerker aller Art – Zimmerleute, Schuster

---

[34] A. Brisbane: Social Destiny of Man, 1840; General Introduction to Social Sciences, 1876.
[35] Greeley gründete 1842 die Kolonie Sylvania, die bis 1845 existierte. S. H. Greeley: Hints toward Reforms, 1850.
[36] Vgl. J. T. Coldman: Brook Farm. Boston, 1894; L. Swift: Brook Farm, 1900. Das Experiment wird auch von Nathaniel Hawthorne in seinem 1852 erschienenen Roman »The Blithedale Romance« beschrieben.
[37] Die Gemeinschaft wurde von vielen bedeutenden Persönlichkeiten des amerikanischen Geisteslebens aufgesucht, von Ralph W. Emerson, Amos Bronson Alcott, Margaret Fuller, Theodore Parker, Orestes A. Bronson und William Channing.

und Drucker – an. In der Mehrzahl blieben aber stets die Schüler. Ihnen standen ein Kindergarten, eine Grundschule und eine sechsklassige Sekundarschule zur Verfügung. Alle Schüler mußten täglich ein paar Stunden körperliche Arbeit verrichten – die Mädchen in der Küche und in der Wäscherei, die Jungen auf dem Feld –, durften sich aber ihre Schulfächer selbst auswählen.
In drei Jahren entwickelte sich das Experiment so gut, daß zusätzlich zu der ursprünglichen Farm vier weitere Häuser mit Schlafsälen und Werkstätten gebaut werden konnten. Unter dem wachsenden Einfluß von Fouriers Ideen erhielt die Gemeinschaft jetzt den Namen »Phalange«, und alle verfügbaren finanziellen Mittel wurden für den Bau eines Hauptgebäudes, des »Phalanstère«, aufgewandt, das aber kurz nach seiner Fertigstellung am 2. März 1846 vollständig abbrannte. Von diesem Schlag konnte sich die Gemeinschaft nicht mehr erholen und löste sich nach der Versteigerung des Grundstückes und der Gebäude 1849 auf[38].
Der aktivste von Fouriers Schülern war Victor Considérant (1808 bis 1893). Nach dem Staatsstreich von 1851 ging er nach Amerika und besuchte zusammen mit Albert Brisbane die North American Phalanx in New Mexico, die 1843 von einem amerikanischen Anhänger Fouriers gegründet worden war und bis 1854 bestand[39].
Considérant entschloß sich, einen ähnlichen Versuch zu wagen, erwarb in Texas Grund und Boden und veröffentlichte nach seiner Rückkehr nach Frankreich 1854 den Aufruf »Au Texas«, dem etwa 250 Personen folgten. Aber auch dieser Versuch scheiterte an Kapitalmangel, und schließlich blieb Considérant allein mit seiner Familie auf dem Gut La Réunion zurück[40].

Das Familistère von Godin

Considérants Experiment war außer von anderen Geldgebern auch von Jean-Baptiste-André Godin (1817–1888) finanziert worden, einem jungen Industriellen, der acht Jahre zuvor in Guise eine metallverarbeitende Fabrik gegründet hatte. Unter der Herrschaft Napoleons

---

[38] Zum amerikanischen Sozialismus vgl. M. Hillquit: History of Socialism in the United States, 1903. Nordhoff: Communistic Societies in the United States, 1875.
[39] Vgl. C. Sears: The NAP, a Historical and Descriptive Sketch. Prescott, 1886.
[40] Vgl. Victor Considérant: Exposition du Sytème de Fourier, 1845. Principes du Socialisme, 1847; Théorie du droit de propriété et du droit au travail, 1848.

III. begann er mit eigenen Mitteln das Phalanstère Fouriers zu verwirklichen, wandelte es dabei aber nach seinen eigenen Erfahrungen ab und war der einzige von Fouriers Anhängern, der erfolgreich war. Sein Familistère stellt eine Verkleinerung von Fouriers Modell dar. Gleichwohl ist es auch in drei geschlossene Baublöcke unterteilt, deren bescheiden bemessene Höfe Glasdächer haben und die Funktion von Fouriers rues intérieures übernehmen. Mit dem Bau des ersten Blockes wurde 1859 begonnen, 1862 folgte der mittlere Block und 1877 der dritte. In der Zwischenzeit wurden 1860 die Gemeinschaftseinrichtungen, 1862 eine Kinderkrippe und eine Kinderbewahranstalt, 1869 die Schulen und das Theater und 1870 Bäder und Wäscherei gebaut. 1880 gründete Godin dann eine Genossenschaft für seine Arbeiter, der er die Geschäftsführung von Fabrik und Familistère übertrug. Lavedan versicherte, daß sie noch 1939 existierte und sogar die ursprüngliche Fabrik erweitert hatte.

Godins Theorie, die er in seinem Buch »Solutions sociales«[41] darlegt, leitet sich von Fouriers Genossenschaftsprinzip her und sieht eine Aufteilung der Gewinne zwischen Arbeitslöhnen, Kapitalzinsen, Erfinderlizenzen und einem Sozialfond vor. Die Lebensfähigkeit seines Experimentes ist aber zwei Neuerungen zuzuschreiben. Einmal trat beim Familistère die industrielle Produktion an die Stelle der Landwirtschaft, zum anderen verzichtete man auf das Gemeinschaftsleben im Phalanstère mit allen seinen von Fourier ausgeklügelten Einzelheiten. Bei Godin hat jede Familie ihre eigene Wohnung, ihre Autonomie wird respektiert, zugleich aber kommt sie in den Genuß der Gemeinschaftseinrichtungen, die auch die gegenseitigen Kontakte fördern. Mit erstaunlicher Genauigkeit werden damit die Überlegungen Le Corbusiers vorausgenommen, die seiner »Unité d'habitation« zugrunde liegen.

»Da für die Gebäude nur ein kleiner Teil des Grundstücks in Anspruch genommen wird, erstreckt sich rings um das Familistère ein freies Gelände von ungefähr acht Hektar, das als Park angelegt ist. Jede Wohnung hat Fenster, die auf den Park hinausgehen ... Da dem Familistère kein Gebäude gegenüberliegt, gibt es keine neugierigen Nachbarn, die aus offenen oder geschlossenen Fenstern zu ihm hinüberschauen. An einem schönen Sommerabend braucht jeder Bewohner nur die Tür zu der großen Halle zu schließen, um am offenen Fenster, sicher vor jeder Beobachtung, seine Pfeife oder ein Buch so zu

---

[41] Das Buch wurde 1871 in Paris veröffentlicht, ist aber vor allem durch die Übersetzung von E. Howland bekannt geworden, die 1886 in Fortsetzungen in der Zeitschrift »Social Solutions« erschien.

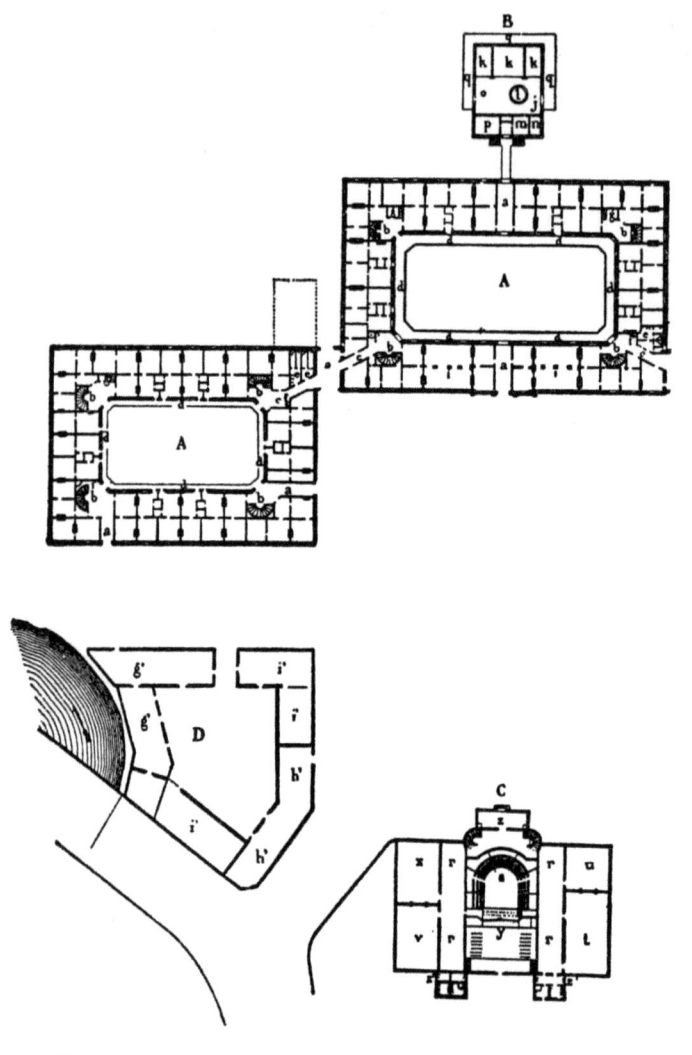

23, 24   Plan des Familistère in Guise (aus J. B. A. Godins: Solutiones sociales, 1871)
A Innenhof
a Gänge im Erdgeschoß, b Treppe vom Erd- ins Dachgeschoß, c Gänge in jedem Geschoß, d Laubengänge, e Aborte und Ausgüsse in jedem Geschoß, f Zapfstellen in jedem Geschoß (gestrichelte Linien geben die Abflußrohre außerhalb des Hauses an), g Müllschächte, h Bäder und Duschen, i Geschäfte für den Verkauf von Drogistenartikeln, Weinen, Likören, Kurzwaren, Kleidung, Schuhen usw.

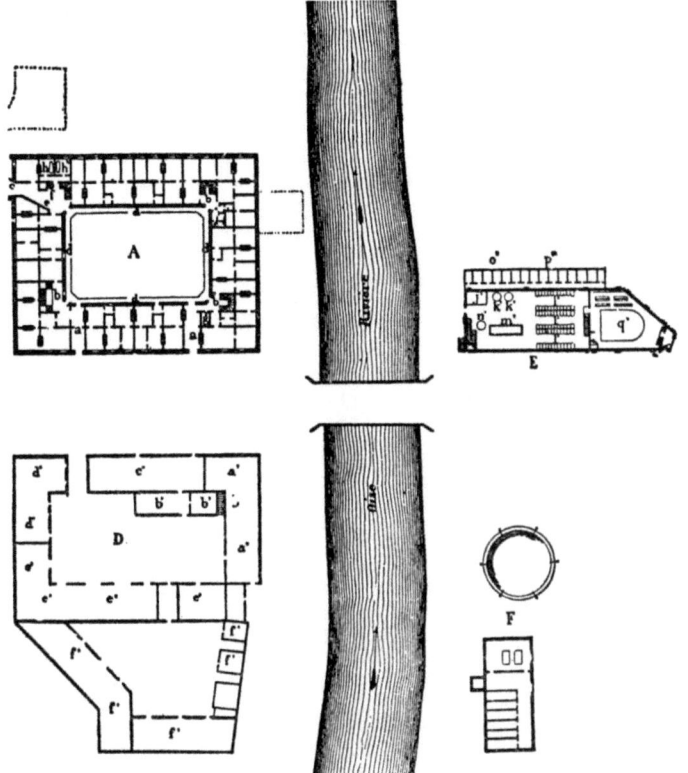

B Krippe und Kindergarten
j Krippe, k Raum für die Kinderbetten und die Betten der Pflegerinnen, l Laufstall, m Büro, n Waschräume für Kinder und Pflegerinnen, o Gymnastikraum für die Kleinstkinder, p Ruhe- und Lernraum für die Vierjährigen, q überdachte Terrasse mit Zugang zu Garten und Rasenplatz
C Schule
r Korridor, s Aula, Versammlungs- und Theatersaal, t Bambinat für die Vier- bis Sechsjährigen, u dritte Klasse für die Sechs- bis Achtjährigen, v zweite Klasse für die Acht- bis Zehnjährigen, w erste Klasse für die Zehnjährigen und Älteren, y Bühne, z Vorhalle, die auch als Theaterfoyer dient, z' Sanitäre Anlagen
D Höfe der Wirtschaftsgebäude
a' Schlachthaus und Fleischmagazin, b' Küchen, c' Restaurant, d' Billard und andere Spiele, e' Wagenremisen, f' Ställe für Schweine, Hühner usw., g' Backofen, h' Café, Kasino (Club), i' verschiedene Werkstätten
E Wäscherei, Wannenbäder und Schwimmbad
j' Büro, k' Wäscherei, l' Waschzuber, m' Spülwannen, n' Trockenkammer, o' Badezellen, p' Privatbäder, q' überdachtes Schwimmbad
F Gaswerk

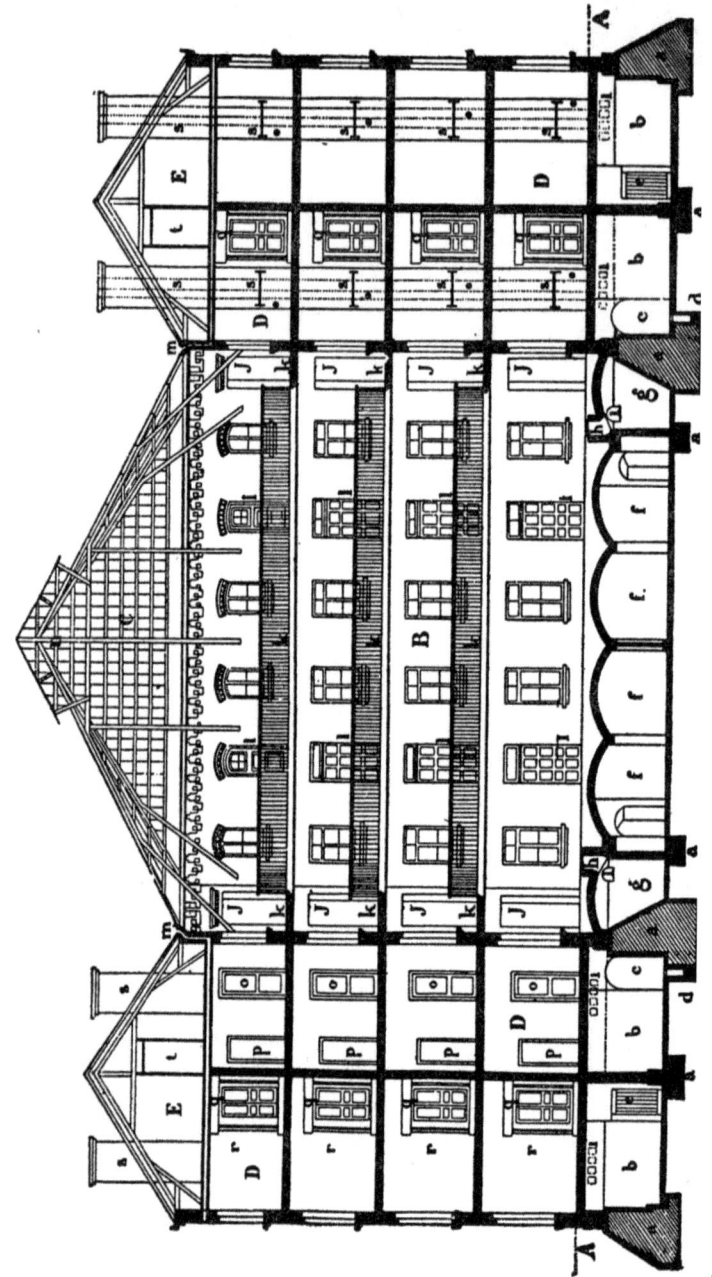

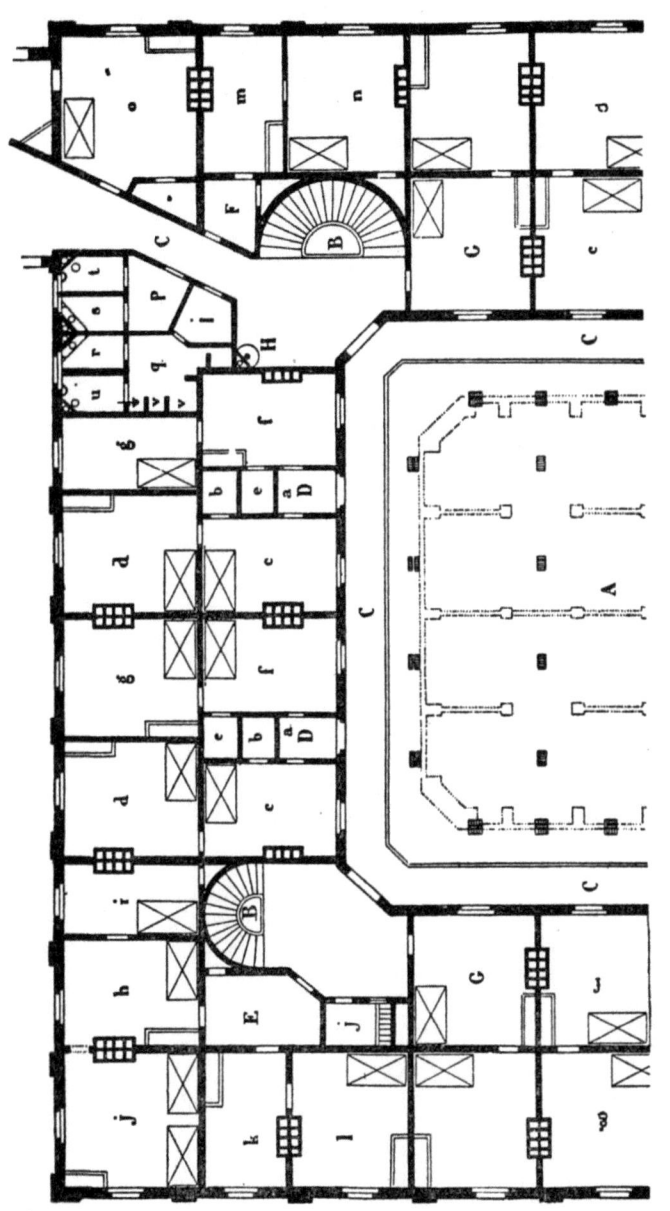

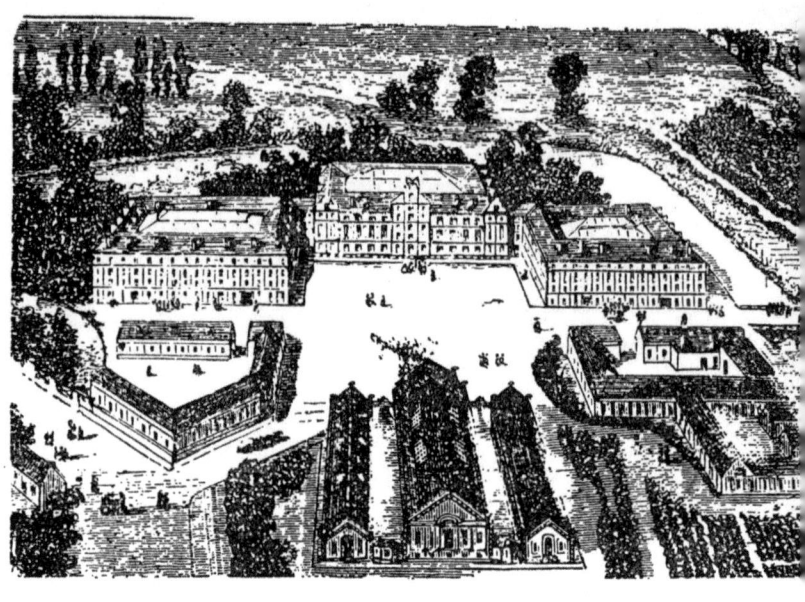

25, 26 *(auf den vorangehenden Seiten)* Querschnitt und Grundriß des Familistère
(aus Godin)
A Souterrain
b Keller, c Korridore, d Wasserrohre für die vier Geschosse und das Wasserreservoir
im Dachgeschoß, e Kellereingang, f Keller unter dem Hof, g unterirdische Luftschächte, h Öffnungen der Luftschächte, i Ventilationsschächte zwischen Kellergewölbe und Erdgeschoß für die Wohnungen
B Innenhof, Erdgeschoß und Obergeschosse
j Eingänge der Laubengänge, Treppen und Zapfstellen, k Laubengänge, l Wohnungstüren
C Glasdach über Innenhof und Laubengängen
m Regenrinnen für das Glasdach, n Dachreiter für die Ventilation
D Wohnungsinneres
o Tür mit Vorplatz, p Abstellraum, q Schrank, r Türöffnung in der Wand, um jede Wohnung schnell und bequem vergrößern zu können, s Luftschächte in den Kaminen zur Lüftung der Wohnungen
E Dachgeschoß
t Korridore

27 Ansicht des Familistère (von Godin). Links die drei Wohngebäude in der Flußbiegung, davor Werkstätten und Schul- und Theatergebäude. Rechts die Fabriken und die ersten Häuser der Guise

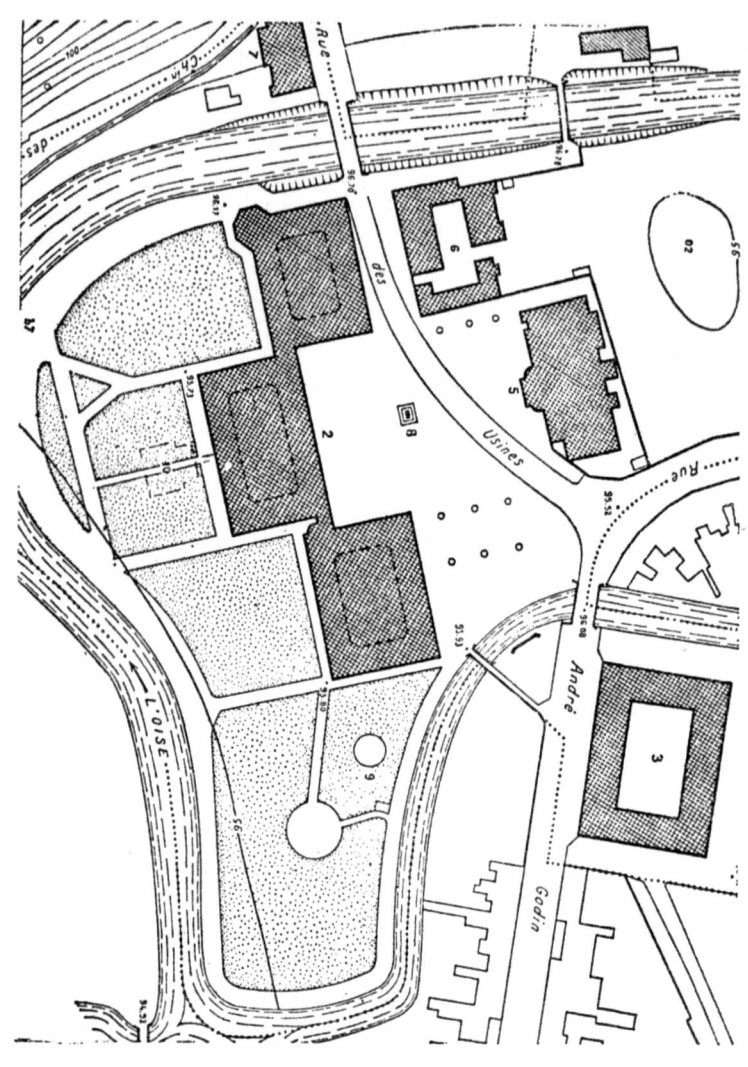

28 Der Gebäudekomplex in Guise in heutigem Zustand (aus Auzelle). 2 das Familistère, 3 das Haus mit den neuen Wohnungen, das nach 1886 gebaut wurde, 5 Schulhaus mit Theater, 6 Werkstätten, 7 Wäscherei und Bäder

genießen, als sei er der Besitzer einer Villa, die allein auf ihrem Grundstück steht.«[42]

Ein vielgliedriges Schulsystem steht den Kindern von der Geburt bis zum Eintritt in das Erwerbsleben zur Verfügung.

»Im Familistère ist die Erziehung in sieben Bereiche unterteilt, von denen jeder seine Leiter, seine Lehrer, seine Räume und Büros hat. Diese Bereiche entsprechen dem Lebensalter der Kinder.
1. Die Krippe für Kinder in den ersten 26 bis 28 Lebensmonaten.
2. Der Kindergarten für Kinder, die bereits laufen können, bis zu 4 Jahren.
3. Die Vorschule für Kinder von 4 bis 6 Jahren.
4. Die ›dritte Klasse‹ für Schüler von 6 bis 8 Jahren.
5. Die ›zweite Klasse‹ für Schüler von 8 bis 10 Jahren.
6. Die ›erste Klasse‹ für die Zehn- bis Dreizehnjährigen.
7. Der ›Oberkurs‹ für die besonders Begabten, die noch weiter zur Schule gehen.
8. Die ›Lehrzeit‹, die für jeden Jungen in der Fabrik unentgeltlich möglich ist. Er kann dabei zwischen den verschiedenen Beschäftigungen, die ihm das Familistère bietet, wählen und wird von Anfang an, seiner Arbeit entsprechend, entlohnt.«[43]

Die ersten beiden Bereiche sind in einem ebenerdigen Gebäude untergebracht, das mit dem Familistère durch einen überdachten Gang verbunden ist. Die Kinder bis zu zwei Jahren liegen in ihren Wiegen oder spielen unter der Obhut von Pflegerinnen in einem abgeteilten Raum, der sich auf eine überdachte Terrasse öffnet. Hier lernen sie in einem Laufstall, der aus zwei konzentrischen Gittern besteht und zu den Erfindungen der Genossenschaft gehört, laufen. »Hier sieht man Kinder kriechen und schwankend sich aufrichten, bis sie das Gitter zu fassen bekommen, sich auf die Füße stellen und im Kreis umherlaufen«; im angrenzenden Raum lernen die Kinder von zwei bis vier Jahren »korrekt sprechen, zählen, singen und tanzen, die Bilder an den Wänden verstehen und in fröhlichen Spielen sich in Reihen oder Quadraten aufstellen.«[44]

---

[42] E. Owen Greening: The Cooperative Traveller Abroad. In »Social Solutions« Nr. 6 vom 6. August 1886. Bei dem Artikel handelt es sich um einen Bericht von einem Besuch in Guise. Die Zeitschrift diente der Propaganda für Topolobampo in Mexiko, von dem E. Howard im 9. Kapitel von »Tomorrow« spricht.
[43] Jean Baptiste André Godin: Social Solutions. In »Social Solutions« Nr. 10 vom 8. September 1886.
[44] J. B. A. Godin, a. a. O., Nr. 5 vom 6. Juli 1886.

Die eigentliche Schule für die Vier- bis Dreizehnjährigen ist in einem anderen zweistöckigen Gebäude untergebracht, das dem Familistère gegenüberliegt. Zwischen den beiden symmetrischen Baukörpern für die Klassenräume befindet sich das Theater, das auch als Aula für die Schüler dient.
Zu den Abbildungen 24, 25 und 26 geben wir Godins Originallegenden wieder, die über alle anderen Einzelheiten informieren. 1886 gehörten der Gemeinschaft ungefähr 400 Familien an. Sie muß als das glücklichste von allen Experimenten betrachtet werden, die im neunzehnten Jahrhundert von den Theoretikern des Sozialismus unternommen worden sind[45].

Cabet und die Tradition der Egalité

Während der Unruhen von 1830 und 1848 taucht die Erinnerung an die Revolution von 1789 ständig wieder auf, an der das französische Volk mit seinen Gefühlen nach wie vor hängt. Zu den Ereignissen, deren besonders nachdrücklich gedacht wird, gehört Babeufs Verschwörung von 1796, die 1828 durch Philippe Buonarrotis Veröffentlichung »La Conspiration pour l'Egalité, dite de Babeuf« eine neue Aktualität erhält.
Ihre Rechtfertigung bezog die politische Initiative von 1796 aus der Vision einer zukünftigen Gesellschaft der Gleichen, die in den Dokumenten der Verschwörer andeutungsweise auftaucht und von Buonarroti aus zeitlicher Distanz näher beschrieben wird. In dem von ihm entworfenen Bild fehlen auch Überlegungen zur Stadtplanung nicht. Buonarroti schreibt:

»Seit die Ungleichheit ihrer Schicksale die einen zu erdrückender Arbeit, die anderen zu einem korrumpierenden Nichtstun verurteilt, sind nur wenige Einwohner auf dem Land zurückgeblieben. Häufig reichen sie zu dessen Bestellung nicht aus, immer aber lastet ein Übermaß an schwerer Arbeit auf ihnen. Der Bevölkerungsüberschuß ist in die Städte abgewandert, um dort entweder im Luxus den von den Landleuten produzierten Reichtum zu vertun oder sich im Dienste der Reichen und ihrer Vergnügungen oder durch die Komplikation

---

[45] Aber auch dieses Experiment wurde von der marxistischen Kritik im Pariser »Socialiste« 1886 negativ beurteilt. Vgl. Friedrich Engels: Zur Wohnungsfrage. Als Artikelserie 1872 im Leipziger »Volksstaat« erschienen. Zitiert aus BAUWELT FUNDAMENTE, Bd. 27: Über die Umwelt der arbeitenden Klasse. Aus den Schriften von Friedrich Engels. Gütersloh, 1970.

der öffentlichen Verwaltung einen bequemen Unterhalt zu verschaffen. In einer Gesellschaft, die sich der Gleichheit aller annähert, verschwänden zwangsläufig diese Zusammenballungen, die die Moral des Volkes untergraben. Die Menschen, die gerechterweise wieder arbeiten müßten, würden zu denen zurückkehren, die nur zuviel Arbeit haben, und ihnen einen Teil davon abnehmen. Die gewerblich tätigen Bürger würden das Leben derer verschönern, die sie ernähren. Die Einfachheit der Regierung würde die Masse von Angestellten überflüssig machen, die der Landwirtschaft und nützlichen Handwerkern entzogen werden. Die Aufrechterhaltung einer Ordnung, die von einer gewissenhaften Pflichterfüllung eines jeden abhinge, wäre unvereinbar mit jenem Gewühle, in dem es so einfach ist, das eigene Tun der Beurteilung durch die Öffentlichkeit zu entziehen.

Es gäbe kein Kapital und keine großen Städte mehr. Allmählich wäre das Land übersät von Dörfern, die an den gesündesten und zweckmäßigsten Orten entstünden. Sie wären durch Straßen und zahlreiche Kanäle miteinander verbunden und würden sich im allgemeinen Interesse nach allen Seiten hin öffnen ... Da alle sich dem obersten Gesetz der Gleichheit unterwerfen müßten, würde die Pracht der Schlösser gesunden und bequemen Eigenheimen weichen, die in schöner Symmetrie zur Augenweide und zur Aufrechterhaltung der öffentlichen Ordnung gebaut würden.

Wenn es keine Paläste mehr gibt, dann gibt es auch keine Hütten mehr. Die Wohnhäuser werden einfach sein, und eine großartige Architektur, deren Schönheit durch die Künste noch hervorgehoben wird, bleibt den Kaufhäusern, Amphitheatern, Stadien, Aquädukten, Brücken, Kanälen, Plätzen, Archiven, Bibliotheken und vor allem den Stätten vorbehalten, wo die Gerichte tagen und das Volk seine Souveränität ausübt.«[46]

Zusammen mit Saint-Simon und Fourier muß darum Buonarroti als der dritte französische Utopist angesehen werden, dessen Gedanken in der Zeit nach 1830 Bedeutung erlangten. Nach Aussage von Prudhommeaux hat er unmittelbaren Einfluß auf Étienne Cabet (1788 bis 1856) ausgeübt.

Cabet nahm an der Revolution von 1830 aktiv teil, wurde zum »procureur général« in Korsika ernannt, geriet aber bald in Konflikt mit der Regierung Louis-Philippes und mußte in die englische Verbannung gehen, wo er Owen kennenlernte. Dort schrieb er seinen

---

[46] Filippo Buonarroti: Babeuf und die Verschwörung für die Gleichheit mit dem durch sie veranlaßten Prozeß und den Belegstücken. Berlin, 1909.

utopischen Roman »Voyage en Icarie«, den er – nach seiner Rückkehr nach Frankreich 1839 – 1840 veröffentlichte[47].

Der Roman, der vielleicht von der »Utopia« des Thomas Morus inspiriert wurde, beschreibt das phantastische Land Ikarien und dessen Hauptstadt Ikara. Diese Hauptstadt ist vollkommen geometrisch angelegt. Ein Fluß fließt in gerader Linie durch ihre schachbrettartige Anlage hindurch, deren Straßen von dem doppelten Ring zweier Boulevards durchschnitten werden. Die Kollektivorganisation der Wirtschaft hat den Einzelhandel und dessen Geschäfte verdrängt, an deren Stelle staatliche Kaufhäuser und »ateliers« getreten sind. Friedhöfe, Fabriken und Krankenhäuser liegen außerhalb der Stadt mitten im Grünen. Der Verkehr ist zum Schutz der Fußgänger geregelt. Die Wagen laufen auf Schienen, während es für die Fußgänger überdachte Passagen gibt. Rechtsfahren ist Vorschrift.

Die Stadt besteht aus sechzig Stadtteilen, von denen jeder den Namen einer großen Nation trägt. In jeder Straße sind alle Häuser gleich und jeweils in einem Nationalstil erbaut[48].

Sein politisches Programm – einen totalen Kommunismus, der durch Überzeugung und nicht durch Gewalt eingeführt werden sollte – legte Cabet in der Zeitschrift »Le Populaire« dar und fand dafür eine gewisse Zahl von Anhängern. Von diesem Erfolg ermutigt, veröffentlichte er im Mai 1847 ein Manifest unter dem Titel »Allons en Icarie« und ließ zugleich die kleine Schrift »Réalisation de la Communauté d'Icarie« erscheinen, in der er erklärte, er könne zur Verwirklichung seines Programmes auf 10 000 bis 20 000 Menschen rechnen. Im Dezember desselben Jahres ließ er wissen, der Ort seiner Wahl liege in Texas. Dort habe ihm eine Gesellschaft aus Staatsbesitz »mehr als eine Million acres zur Verfügung gestellt«[49]. Am 3. Februar 1848 schiffte sich eine Vorhut von 69 Personen in Le Havre ein, aber wenige Tage später brach die Revolution aus, und die meisten seiner Anhänger verzichteten auf die Ausreise. Cabet selbst nahm in der ersten Phase an der Revolution teil und kandidierte bei den Wahlen im April erfolglos für einen Sitz in der Verfassunggebenden Versammlung.

---

[47] Angedeutet sind Cabets Theorien in seinen historischen Werken, »Histoire de la Révolution de 1830« (1831), »Histoire de la Révolution Française« (1840), und dargelegt in »Le vrai Christianisme de Jésus Christ« (1846).

[48] Zitiert in P. Lavedan: Histoire de l'urbanisme, époque contemporaine. Paris, 1952, S. 86.

[49] Vermutlich hat Cabet auf Rat von Owen, der 1828 einen ähnlichen Versuch gemacht hatte, Verbindung zu der Peters Company aufgenommen. Die Geschichte der ikarischen Siedlungen in den USA ist bei J. Prudhommeaux, Histoire de la Communauté icarienne, Nîmes, 1906, ausführlich erzählt und belegt.

Inzwischen war die Vorhut an den ihr bezeichneten Ort eingetroffen und hatte festgestellt, daß die Konzession in einzelne nicht zusammenhängende Grundstücke von je 320 Hektar unterteilt war. Nach dem vergeblichen Versuch, sich auf einigen dieser Grundstücke anzusiedeln, setzte sie sich nach New Orleans ab, wo im Lauf des Jahres 1848 vierhundert weitere Anhänger Cabets zu ihr stießen. Cabet traf im Dezember bei ihnen ein, ermutigte sie wieder und erwarb von den Mormonen in Brigham Young Dorf und Landgut Nauvoo am Mississippi.

Im März 1849 traf die Gruppe dort ein und erbaute, unter Benutzung der von den Mormonen hinterlassenen Häuser und Ruinen, ihre Stadt. Durch Krankheiten und Entbehrungen war ihre Schar jedoch auf 260 Personen zusammengeschmolzen. Sie richteten einen Speisesaal für die gemeinsamen Mahlzeiten, eine Schule, eine Bibliothek und ein Theater ein, das auch von den Einwohnern der Umgebung häufig besucht wurde. Die Familien waren in eigenen Wohnungen und die Junggesellen in Zweibettzimmern untergebracht[50]. Aber das

---

[50] Die hauptsächlichen Gebäude von Nauvoo werden folgendermaßen beschrieben: »Der bemerkenswerteste Bau der ganzen Siedlung ist die Schule, mit Hausteinen, die aus dem Schutt der mormonischen Kirche errichtet worden ist. Von ferne sieht sie aus, wie aus weißem Marmor erbaut. In zwei Abteilungen beherbergt sie 30 bis 40 Jungen und ebenso viele Mädchen. Die recht großen Klassenzimmer und die Schlafsäle, in denen die Betten viel Platz haben, beeindruckten mich durch ihre makellose Sauberkeit. Zwei große Höfe, denen Akazien ihren Schatten spendeten, erlaubten es Jungen und Mädchen, ihre Freistunden mit verschiedenartigen Spielen an der frischen Luft zu verbringen. Die Pflege von Blumen auf kleinen Beeten diente ihrer Erholung von den geistigen Anstrengungen, Gymnastikstunden unterbrachen auf angenehme Weise den Schulunterricht. Jungen und Mädchen wurden an körperliche Arbeit gewöhnt. Die Jungen sammelten Holz für die Heizung, trugen Wasser und brachten die Lebensmittel herbei. Die Mädchen spülten das Geschirr, putzten Gemüse und Früchte und falteten das bedruckte Papier (für die Druckerei). Außerdem gab es für die Mädchen eine Schneiderwerkstatt, wo die Kleidung hergestellt wurde.« (Holynski in »Revue Socialiste«, September 1892, S. 296, zit. in J. Prudhommeaux, a. a. O., S. 133.)
»Unsere Druckerei setzt Texte auf französisch, englisch und deutsch. Sie hat drei Zeitungen in diesen Sprachen gedruckt und außerdem zahlreiche Drucksachen für unsere Verwaltung. Die Druckerei von Ikaria arbeitet auch für Außenstehende und verdient damit bald mehr, bald weniger.« (Aus einem Bericht von 1855, der in »Colonie Icarienne«, S. 159, veröffentlicht wurde, a. a. O., S. 109.)
Der Speisesaal »hat zwölf Türen und zwölf Fenster. Man betritt ihn meistens durch die Tür, die auf den Kirchplatz führt. Die Küche ist von ihm aus durch zwei Türen zu betreten, durch die eine dieser Türen kommen die Speisen auf einer Art langer Eisenbahn herein. Das Brot

Leben dieser Gemeinschaft blieb durch die wirtschaftlichen Sorgen und die inneren Spannungen schwierig. 1856 kam es zu einer regelrechten Spaltung. Ein Teil von Cabets Anhängern übersiedelte nach St. Louis, wo der Gründer Ikariens im November starb. Seine Gruppe ließ sich in der Vorstadt Cheltenham nieder, schmolz aber bis auf zwanzig Mitglieder zusammen und löste sich 1864 auf.
Die in Nauvoo zurückgebliebene Mehrzahl beschloß, den gemeinsamen Besitz zu verkaufen, und wanderte 1860 nach Corning in Iowa aus, wo ihnen ein Landgut von etwa 1200 Hektar angemessene Lebensbedingungen bot. Hier verwirklichten die 35 Überlebenden ihre Idealstadt und kamen zu einem gewissen Wohlstand. Als M. A. Massoulard, ein französischer Reisender, 1875 Ikarien besuchte, war die Einwohnerzahl des Ortes auf 75 gestiegen. Seine Anlage erinnerte an Owens Viereck.

»Ikaria liegt beinahe im Mittelpunkt des Besitzes. Die Einwohner nennen das Gesamt ihrer Häuser ›die Stadt‹ (ville). In der Mitte eines großen quadratischen Platzes befindet sich das Speisehaus. An drei Seiten liegen einzelne Häuser mit Ziergärten dazwischen, an der vierten Seite die Gemeinschaftseinrichtungen wie Wäscherei, Bäckerei usw.
Die Lage auf einem Hügel ist freundlich. Eine Wiese zieht sich von dort zu einem Fluß herab, wo, etwa eine Meile von dem Ort entfernt, die Mühle liegt. Der andere Abhang, der vorläufig noch von einem unmittelbar an die Stadt angrenzenden Wald bedeckt ist, könnte jederzeit in einen herrlichen Park verwandelt werden. Der Wirtschaftshof liegt, eine Viertelmeile entfernt, auf einem anderen Hügel. Noch eine Meile weiter beginnen die Felder. Man kann sich keinen anmutigeren Anblick als Ikaria vorstellen. Der große Bau des Speisehauses ist im Halbkreis von kleinen Häusern umgeben. Der große dunkle Wald dahinter hebt ihr Weiß besonders nachdrücklich hervor. Obstbäume und exotische Gewächse, Rasenflächen und Blumen wechseln auf das angenehmste mit den Bauten ab. Unglücklicherweise gibt es kein Wasser. Das erschwert das Leben dort sehr und macht es notwendig, daß ein Mann das Wasser mit einem Wagen den halben Tag lang herbeifährt. Im übrigen leitet das zur Sparsamkeit, ja vielleicht zur übergroßen Sparsamkeit mit Wasser an.
Die Wohnungen bestehen meist aus zwei Räumen, von denen der eine als Wohn-, der andere als Schlafzimmer dient. Im Dachgeschoß befinden sich jeweils zwei kleine Zimmer für die Kinder.«[51]

liegt in und auf einem langen Buffet. Auf einem zweiten kleinen Buffet steht das Trinkwasser.« (Aus dem oben angeführten Bericht, S. 111–112, a. a. O., S. 109.)
[51] J. Prudhommeaux, a. a. O., S. 292.

Aber schon 1879 wurde diese Idylle durch eine abermalige Spaltung aus ihrem Frieden aufgestört. Der Grundbesitz wurde in zwei Hälften geteilt, und eine Gruppe mit sozialistischen Tendenzen behielt das Dorf. Aber schon bald bestand sie nur noch aus 20 Menschen, die nach Kalifornien übersiedelten und dort eine neue Stadt gründeten, die bis 1887 bestand.

Eine zweite Gruppe siedelte sich ungefähr eine Meile entfernt von dem ursprünglichen Dorf an, gründete New Icaria und versuchte beharrlich, die harmonische Gemeinschaft herzustellen, von der man von Anfang an geträumt hatte.

»Im Sommer 1879 wurde der Plan für das neue Dorf entworfen. Die führenden Männer der Gemeinschaft übernahmen die Aufgaben von Architekten und bestimmten, daß rechts und links von dem großen Saal die Wohnhäuser und die dazugehörigen Gebäude stehen sollten ... Im September desselben Jahres wurde das erste Haus auf hölzernen Rollen zu dem hierfür vorgesehenen Platz transportiert. In den nächsten Jahren folgten ihm andere Häuser auf dem gleichen Wege und schließlich der Saal, der zum Mittelpunkt des Gemeinschaftslebens werden sollte. Dank der verbissenen Arbeit von Eltern und Kindern verschwanden Unkraut und Unterholz, um Beeten, Rasenflächen, Obst- und Blumengärten Platz zu machen. Da und dort erhob sich eine Pergola, die in der Sommerhitze Schatten zu spenden versprach. Einfache Bänke luden die Spaziergänger zum Ausruhen ein. Eine Schaukel und ein Cricket-Platz waren die Wonne der Jugend. In der kurzen Zeit von zwei Jahren verwandelte sich das weiträumige Gelände in einen Park, zu dessen Besuch aus der ganzen Gegend Leute kamen.«[52]

---

[52] Aus den bei J. Prudhommeaux, a. a. O., S. 390-391, zitierten Zeugnissen der Überlebenden. Die Beziehungen Owens und Cabets zu den amerikanischen protestantischen Sekten legen einen Vergleich zwischen sozialistischen und religiösen Gemeinschaften nahe, der bisher noch nie gezogen wurde. Die von dem Deutschen George Rapp gegründeten »Harmonists« siedelten sich in Pennsylvania, Indiana (wo sie ihr Dorf Harmony 1825 an Owen verkauften) und später in Economy bei Pittsburg an. Weitere von deutschen Sektierern gegründete Gemeinschaften sind Amana, Zoar, Bethel und Aurora. Die »Perfectionists« von John H. Noyes erbauten 1842 Oneida im Staat New York (vgl. J. H. Noyes: History of American Socialism, Philadelphia, 1870). Der norwegische Violinist Ole B. Bull ließ sich 1852 in Amerika nieder und gründete nacheinander Oleona, New Norway, New Bergen und Walhalla (vgl. M. Smith: The Life of Ole Bull, Princeton, 1943). Besonders wichtig sind die von den Mormonen gegründeten Städte: 1839 Nauvoo, das dann an Cabet verkauft wurde, und 1847 Salt Lake City.

29 Das Gemeinschaftshaus im Rappiten-Dorf Economy (aus C. Tunnard: The city of man)

New Icaria fristete bis 1895 sein bescheidenes Dasein. Dann löste auch diese Gemeinschaft sich auf und verteilte ihr Vermögen unter den 21 Personen, die darauf Anspruch hatten.

Cabets ehrgeizige Pläne waren damit ad absurdum geführt. Denn an Stelle der von ihm geplanten Metropole wurden immer kleinere ländliche Dörfer erbaut, die schließlich nur noch den Umfang ganz normaler privater Unternehmungen hatten.

Wenn man die Schwierigkeiten und Niederlagen, denen die Utopisten des neunzehnten Jahrhunderts ausgesetzt waren, an sich vorüberziehen läßt, so gewinnt man den Eindruck, daß hier große Energien sinnlos vergeudet wurden. Die erfolglosen Versuche, ihre Ideen zu verwirklichen, scheinen das harte Urteil der marxistischen Schriftsteller über sie zu rechtfertigen.

Im Manifest der kommunistischen Partei von 1848 heißt es:
»Die Erfinder dieser Systeme sehen zwar den Gegensatz der Klassen wie die Wirksamkeit der auflösenden Elemente in der herrschenden Gesellschaft selbst. Aber sie erblicken auf der Seite des Proletariats keine geschichtliche Selbsttätigkeit, keine ihm eigentümliche politische Bewegung.
Da die Entwicklung des Klassengegensatzes gleichen Schritt hält mit der Entwicklung der Industrie, finden sie ebensowenig die materiellen Bedingungen zur Befreiung des Proletariats vor und suchen nach einer sozialen Wissenschaft, nach sozialen Gesetzen, um diese Bedingungen zu schaffen.
An die Stelle der gesellschaftlichen Tätigkeit muß ihre persönliche erfinderische Tätigkeit treten, an die Stelle der geschichtlichen Bedingungen der Befreiung phantastische, an die Stelle der allmählich vor sich gehenden Organisation des Proletariats zur Klasse eine eigene ausgeheckte Organisation der Gesellschaft. Die kommende Weltgeschichte löst sich für sie auf in die Propaganda und praktische Ausführung ihrer Gesellschaftspläne...
Sie verwerfen daher alle politische, namentlich alle revolutionäre Aktion, sie wollen ihr Ziel auf friedlichem Wege erreichen und versuchen, durch kleine, natürlich fehlschlagende Experimente, durch die Macht des Beispiels dem neuen gesellschaftlichen Evangelium Bahn zu brechen.
Die phantastische Schilderung der zukünftigen Gesellschaft entspringt in einer Zeit, wo das Proletariat noch höchst unentwickelt ist, also selbst noch phantastisch seine eigene Stellung auffaßt, seinem ersten ahnungsvollen Drängen nach einer allgemeinen Umgestaltung der Gesellschaft.
Die sozialistischen und kommunistischen Schriften bestehen aber auch aus kritischen Elementen. Sie greifen alle Grundlagen der bestehenden Gesellschaft an. Sie haben daher höchst wertvolles Material zur Aufklärung der Arbeiter geliefert. Ihre positiven Sätze über die zukünftige Gesellschaft, z. B. Aufhebung des Gegensatzes zwischen Stadt und Land, der Familie, des Privaterwerbs, der Lohnarbeit, die Verkündigung der gesellschaftlichen Harmonie, die Verwandlung des Staates in eine bloße Verwaltung der Produktion — alle diese ihre Sätze drücken bloß das Wegfallen des Klassengegensatzes aus, der eben erst sich zu entwickeln beginnt, den sie nur in seiner ersten gestaltlosen Unbestimmtheit kennen.«[53]

Aus einem größeren zeitlichen Abstand muß dieses Urteil aber gewiß revidiert werden. Das »erste ahnungsvolle Drängen« dieser Versuche

[53] Karl Marx/Friedrich Engels: Manifest der kommunistischen Partei.

geht in gewisser Hinsicht weit über die klassischen Schemata des Marxismus hinaus und nimmt das heutige Bedürfnis vorweg, politische und wirtschaftliche Probleme Stück für Stück von neuem zu betrachten, anstatt sie in einer einzigen Formel zusammenzupressen. Ihre Lösungen für die Probleme der modernen Stadt sind abstrakt und schematisch, da es dabei an einer realistischen Einschätzung der Beziehungen zwischen Stadtplanungsprogrammen und allgemeiner wirtschaftlicher und sozialer Entwicklung fehlt. Dadurch kommt es zu der Illusion, Stadtplanung und soziale Ordnung seien miteinander identisch und diese könne im Tempo und mit den Methoden jener erreicht werden.

Auch Marx und Engels, die von einer direkten Analyse der wirtschaftlichen Beziehungen ausgehen, akzeptieren unausgesprochenermaßen diese Identität, wobei sie das Verhältnis von Stadtplanung und sozialer Ordnung nur umkehren und voraussetzen, daß die Veränderung der sozialen Beziehungen notwendigerweise zu stadtplanerischen Konsequenzen führt. Das ist der Grund, warum sie der Stadtplanung so gleichgültig gegenüberstehen und warum sie keine genauen Prognosen für die Siedlungsformen in der zukünftigen Gesellschaft stellen[54].

Das Drängen der Utopisten, sofort etwas zu unternehmen und nicht eine allgemeine Gesellschaftsreform abzuwarten, gewinnt in dieser Perspektive einen ständigen Aufforderungscharakter, und die von ihnen erdachte Idealstadt, die so grundverschieden von der Idealstadt der Renaissance ist, bedeutet für die moderne Stadtplanung ein von Hochherzigkeit und menschlichem Mitgefühl zeugendes Modell.

Owens, Fouriers und Cabets schematische Beschreibungen stellen das große Ideenreservoir dar, aus dem die stadtplanerischen Experimente der folgenden Zeiten bis zum heutigen Tage schöpfen. Ohne Schwierigkeiten kann man die erstaunliche Ähnlichkeit einiger ihrer Vorstellungen mit manchen modernen Problemlösungen erkennen. Das gilt für die »Unité d'habitation« mit einer festen Zahl von Bewohnern, für die gemeinsamen Heizungs-, Wasch- und Küchenanlagen, die überdachten Höfe, die rue intérieure und den Wagenverkehr im Erdgeschoß. Auch die 1200 Bewohner von Owens Viereck und die 1600 Bewohner von Fouriers Phalanstère stellen eine ähnliche Größenordnung dar wie die von Le Corbusiers Unité d'habitation, und Owens Vorstellung von etwa 4000 Quadratmetern pro Person

---

[54] »Die Wohnungsfrage lösen wollen und die modernen großen Städte forterhalten wollen ist ein Widersinn. Die modernen großen Städte werden aber beseitigt erst durch die Abschaffung der kapitalistischen Produktionsweise.« (F. Engels, a. a. O., S. 187).

entspricht der von Frank Lloyd Wright für Broadacre City vorgesehenen. Die theoretischen Überlegungen der sozialistischen Reformer wurden von Howard für seine *Garden Cities* und von den deutschen Planern nach dem Ersten Weltkrieg für ihre Siedlungen genutzt. Dabei wird die Konzeption einer Idealstadt allerdings so verwässert, daß sie in Gestalt der mehr oder weniger unabhängigen Satellitenstadt zu einem Anhängsel der Großstädte wird. Gleichwohl bleiben die Programme und Initiativen aus der Zeit vor 1848 für uns ein Hinweis auf ein sehr viel ehrgeizigeres Ziel: die Reorganisation von Stadt und Landschaft aufgrund neugeordneter wirtschaftlicher und sozialer Beziehungen.

Der Beginn einer modernen Baugesetzgebung in England und Frankreich

In den Jahren der industriellen Revolution wurde ein großer Teil der städtischen und regionalen Infrastruktur – Straßen, Brücken, Kanäle und Häfen – auf privater Basis gebaut. Soweit der Staat nicht strategische Interessen wahrzunehmen hatte, beschränkte er sich dabei auf eine generelle Überwachung vermittels Genehmigungen und Konzessionen.

Bau und Instandhaltung der Straßen waren in England ursprünglich Aufgaben der Gemeinden, denen sie durch die Fronarbeit der Ortseinwohner nachkamen. Die mangelnde Effizienz der Gemeindeverwaltungen, die sich im Lauf des achtzehnten Jahrhunderts immer deutlicher abzeichnete, führte gerade zu einem Zeitpunkt, als der Verkehr zunahm, zum Verfall der Straßen. Um diesem Mißstand abzuhelfen, begann das Parlament 1745 mit dem Erlaß der turnpike acts, die privaten Unternehmern Konzessionen für den Bau neuer gebührenpflichtiger Straßen erteilten. Zugleich erlaubten es die technischen Errungenschaften von Telford und MacAdam, die Qualität und Bestand der Straßen erheblich verbesserten, auf die alten Vorschriften zu verzichten, die Gewicht und Größe der Fuhrwerke begrenzten und damit den Verkehr der Belastungsfähigkeit der Straßen anpaßten. Noch blieben freilich die Unannehmlichkeiten, die sich daraus ergaben, daß zahlreiche Firmen jeweils nur kurze Straßenabschnitte bauten und daß nach wie vor ein weitverzweigtes Netz kommunaler Nebenstraßen bestand. Das zwang 1820 den Staat einzugreifen, die Verwaltung der gebührenpflichtigen Straßen in gewissem Umfang zu vereinheitlichen und 1835 die Fronarbeit aufzuheben und die Gemeinden zur Erhebung einer Steuer zu ermächtigen. Die Gebühren wurden zwischen 1858 und 1895 schrittweise abgebaut, und die Kosten für die Instandhaltung der Straßen übernahmen 1888 die Grafschaften[55].

Das Netz der englischen Schiffahrtskanäle wurde von privaten Bergwerksbesitzern und Spekulantengruppen gebaut. Sie folgten dabei dem Beispiel des Herzogs von Bridgewater, der 1761 bei Manchester mit dem ersten Kanalbau begann. Zwischen 1790 und 1794 kam es durch die allzu zahlreichen Unternehmungen zu einem regelrechten boom. Der Staat erteilte die Konzession unter der Bedingung, daß der Kanal gegen Gebührenzahlung von jedermann benutzt werden dürfe[56].

Aber die Erfindung eines neuen Verkehrsmittels, der Eisenbahn, führte zu einem vollständigen Wandel der Situation. Die ersten Gleisanlagen wurden in der Nähe von Kohlengruben ausprobiert, und zu Beginn des neunzehnten Jahrhunderts wurden die ersten Streckenabschnitte für öffentliche Pferdebahnen eröffnet. Bei den ersten Versuchen mit Dampfwagen[57] entstanden dann höhere Kosten als bei den Pferdewagen, bis George Stephenson die Lokomotive erfand, die zuerst auf der Strecke zwischen Stockton und Darlington in Betrieb genommen wurde. Die erste wichtige Strecke wurde 1830 zwischen Manchester und Birmingham eröffnet, und damit begann die Konkurrenz zwischen dem neuen und den bisherigen Verkehrsmitteln. Anfangs versuchte man auf die Eisenbahnen die für Straßen und Kanäle gültigen Gesetze anzuwenden und die Benutzung der Strecken gegen Gebühr jedermann zu gestatten. Doch das erwies sich sofort als unmöglich, weil die Unternehmer die von ihnen erbauten Strecken in eigener Regie zu führen wünschten. So konnte das Parlament seine traditionelle Einstellung, sich nicht einzumischen im Vertrauen darauf, daß die freie Konkurrenz zu einer guten Bedienung der Strecken führen würde, nicht lange aufrechterhalten und verabschiedete 1844 ein Gesetz, das dem Staat die Möglichkeit gab, innerhalb von 21 Jahren für den Erwerb der Eisenbahnen zu optieren (nach Ablauf der Frist wurde allerdings unter anderen politischen Voraussetzungen die private Regie beibehalten), und einstweilen nur Geschwindigkeitsgrenzen, Zugfrequenzen und Tarife für die bestehenden Strecken festsetzte.

Dementsprechend konnten die Baufirmen anfangs, solange die ein-

---

[55] Vgl. E. L. Bogart, Economic History of Europe, 1760–1939, 1942.
[56] a. a. O.
[57] Ein erstes Modell wurde 1769 von Nicolas Joseph Cugnot in Frankreich gebaut. Nach Watts Erfindung folgten zwischen 1780 und 1790 Versuche von J. Robinson und W. Murdock und 1803 von Trevithick.

zelnen Streckenabschnitte noch nicht miteinander verbunden waren, unbeschadet verschiedene Spurenbreiten verwenden. Als es aber zum Zusammenschluß eines Eisenbahnnetzes kam, mußte der Staat auch hier eingreifen und eine einheitliche Spurbreite von 4 Fuß und 8½ Zoll vorschreiben[58].

In Frankreich hatte das Ancien régime ein gutes Straßennetz hinterlassen, das durch Fronarbeit der Landbevölkerung instand gehalten wurde. Dieses System wurde durch die Revolution abgeschafft, und der Staat übernahm nun Straßenbau und -instandhaltung selbst. Napoleon baute in Frankreich und in den besetzten Gebieten aus strategischen Gründen viele Straßen, wodurch es zu einer Abschaffung der Straßenzölle kam. In der Restaurationszeit wurde vor allem die Befahrbarkeit der Straßen zweiter Ordnung verbessert. Außerdem wurde 1818 ein Kanalsystem entworfen, dessen Bau privaten Gesellschaften zugleich mit der Erlaubnis, Gebühren für die Benutzung zu erheben, übergeben wurde. Die Julimonarchie, die 1831 ein Ministerium für Öffentliche Arbeiten einrichtete, stellte 1836 ein großes und einheitliches Programm für den Straßen- und Kanalbau auf, in den sie im nächsten Jahrzehnt ungefähr 800 Millionen Francs investierte.

Der Eisenbahnbau wurde sofort sehr großzügig in Angriff genommen, die erste Eisenbahnlinie 1832 bei St. Étienne eröffnet. Schon 1833 beauftragte die Regierung das Conseil Général des Ponts et Chaussées, einen Eisenbahnplan für das ganze Land auszuarbeiten. Gleichwohl wurde der Vorschlag, dem Staat – wie in Belgien – den Bau der Streckenanlagen zu übertragen, 1835, 1837 und 1838 zurückgewiesen. Für einige Zeit wurde darum jedes Projekt immer noch einzeln behandelt, und die Konzession dafür wurde an private Gesellschaften vergeben. Die Notwendigkeit einer einheitlichen Kontrolle führte aber schließlich zu dem Gesetz von 1842, das den großen Gesellschaften das Monopol für die wichtigen Strecken einräumte, die Kosten zu beinahe gleichen Teilen zwischen Privatkapital und Staat aufteilte und bestimmte, daß die Eisenbahnen innerhalb von vierzig Jahren vom Staat zu übernehmen seien[59].

Die neuen Programme für öffentliche Arbeiten, und insbesondere die für den Bau von Eisenbahnstrecken, erlaubten der staatlichen Ver-

---

[58] a. a. O.
[59] a. a. O. Schon 1837 erklärte F. Bartholomy, der Präsident der Compagnie d'Orléans: »Die Dampfbenutzung bei Schiffahrt und Eisenbahn kann ihrer Bedeutung nach nur mit der Erfindung der Druckkunst oder der Entdeckung Amerikas verglichen werden, also mit Ereignissen, die das Gesicht der Welt verändert haben. (Zitiert in H. Peyret: Histoire des Chemins de Fer en France et dans le Monde. Paris, 1949.)

waltung – zum Beispiel durch die sieben nach Paris führenden Hauptstrecken und durch die Wahl des Bahnhofsgeländes am Rande der Städte – tatsächlich weitgehende Eingriffe in die regionalen, aber auch in die städtischen Strukturen. Aber die Dringlichkeit und die Kompliziertheit der technischen Aufgaben führten dazu, daß die städtebauliche Bedeutung dieser Eingriffe kaum bemerkt wurde. Sowohl die Gesetzgebung wie die Erfahrungen nahmen jetzt einen so fachlichen, auf einzelne Sektoren beschränkten Charakter an, daß es unmöglich wurde, die Beziehungen und Verbindungen zwischen diesen Sektoren zu erkennen. Die moderne Baugesetzgebung konnte deshalb ihren Ausgang nicht von diesem Bereich nehmen, vielmehr stieß sie in der Folgezeit in der Spezialgesetzgebung für die Eisenbahn und für die öffentlichen Arbeiten auf eines ihrer empfindlichsten Hindernisse. Die einzige für die Stadtplanung generell wichtige Folge dieser Entwicklungen war die Revision der Enteignungsgesetze, deren Gegenstand man anfangs für etwas Seltenes und Ungewöhnliches gehalten hatte, die jetzt aber in großem Maßstab angewendet werden mußten und darum so geordnet wurden, daß sie für den Staat immer leichter zu handhaben waren.

In England machten 1840 die gesetzlichen Kautelen zugunsten der Grundbesitzer den Eisenbahnbau fünfmal teurer als in den deutschen Ländern und zehnmal teurer als in Amerika, wo die Eisenbahnen jetzt in den unbebauten Westen vordrangen[60]. Dennoch wurde auch in England die Möglichkeit einer Enteignung 1842 und 1845 ausdrücklich vorgesehen.

In Frankreich dagegen gab es bereits ein Napoleonisches Enteignungsgesetz von 1810. 1833 war unter Louis-Philippe im Zusammenhang mit den bereits erwähnten öffentlichen Arbeiten ein zweites hinzugekommen. Beide wurden am 13. Mai 1841, kurz vor der Verabschiedung des Generaleisenbahnplanes, durch ein neues Gesetz vervollständigt, das der Gesetzgebung vieler anderer Länder – zum Beispiel der Italiens 1865 – als Modell diente. Dieses Gesetz bestimmte, daß jede Enteignung der Ermächtigung durch die Legislative bedürfe, daß die Art ihrer Durchführung durch Erlaß des zuständigen Präfekten zu bestimmen und durch ein Gericht zu verhängen sei, dem auch die Entscheidung über eventuelle Einsprüche obliege.

Wirklich zutage trat die städtebauliche Wirrnis, die durch die industrielle Entwicklung entstanden war, notwendigerweise erst, als man auf die hygienischen Mißstände aufmerksam wurde, die sich aus der Unordnung und Überfüllung der neuen Stadtrandgebiete ergaben. Als diese Mißstände durch die Cholera-Epidemien seit 1830 un-

---

[60] Zitiert bei A. P. Usher: An Introduction to the Industrial History of England. Boston, 1939, S. 449.

HAS DEATH

(IN A RAGE)
Been invited by the Commissioners of Common Sewers to take up his abode in Lambeth? or, from what other villanous cause proceeds the frightful Mortality by which we are surrounded?

In this Pest-House of the Metropolis, and disgrace to the Nation, the main, thoroughfares are still without Common Sewers, although the Inhabitants have paid exorbitant Rates from time immemorial!!!

" O Heaven! that such companions thou'dst unfold,
" And put in every honest hand, a whip,
" To lash the rascals naked through the world."

Unless something be speedily done to allay the growing discontent of the people, retributive justice in her salutary vengeance will commence her operations with the *Lamp-Iron* and the *Halter*.

SALUS POPULI.

Lambeth, August, 1832.

J. W. PEEL, Printer, 9, New Cut, Lambeth.

30 Plakat aus dem Jahr 1832, das die Polemiken über die hygienischen Verhältnisse in London illustriert (aus L. Wright: La civiltà in bagno)

erträglich wurden und zu den ersten Maßnahmen zu ihrer Beseitigung führten, begann man zu erkennen, auf wie vielfältige Ursachen sie zurückgingen. Auch die neuen Initiativen mußten deshalb vielfältig sein und aufeinander abgestimmt werden. Dadurch wurde die Gesundheitsgesetzgebung zur unmittelbaren Vorläuferin der modernen Baugesetzgebung und führte bald dazu, daß der Begriff der Enteignung nicht nur mit den Notwendigkeiten öffentlicher Arbeiten verknüpft blieb, sondern überall in den Städten anwendbar wurde.

In England wurden die ersten ernstlichen Versuche, die hygienischen Verhältnisse in den Städten zu bessern, nach der Wahlrechtsreform von 1832 unternommen und stellen einen Teil des umfangreichen Reformprogramms der neuen liberalen Regierung dar. Im selben Jahr wurde Edwin Chadwick (1800–1890), ein früherer Assistent Benthams, zum Inspektor in der Armenkommission ernannt. Er trug zur Formulierung des neuen Armengesetzes von 1834 bei und wirkte, bis er sich 1854 aus dem öffentlichen Leben zurückzog, an allen Reformen auf dem Gebiet des Sozialhygiene entscheidend mit.

Das Armengesetz von 1834 spiegelt in gewisser Hinsicht die theoretischen Vorurteile radikaler Herkunft wider, von denen die damals herrschende Klasse beseelt war. Das zerstörerische System von Speenhamland wurde abgeschafft und das Prinzip eingeführt, daß niemand eine partielle Unterstützung empfangen solle. Die Arbeitslosen wurden in die Arbeitshäuser (workhouses) geschickt, wo man dafür sorgte, daß »ihr Leben noch unerfreulicher als das der unglücklichsten unter den unabhängigen Arbeitern wurde«[61]. Zur gleichen Zeit wurde eine Überwachungsorganisation mit einem Zentralbüro und Außenstellen in den Gemeinden geschaffen, die sehr viel wirkungsvoller als die bisherige Organisation war. Diese Ämter kümmerten sich auch um die ärztliche Versorgung der Armen und führten im Zusammenhang damit die Geburts- und Sterberegister, wobei in letzteren gemäß der Registration Act von 1836 auch die Todesursachen anzugeben waren. Zu ihren weiteren Aufgaben gehörte seit 1840 die allgemeine Impfung.

Chadwick, der zum Sekretär der Zentralkommission ernannt wurde, hatte reichlich Gelegenheit, sich Einsicht in die Lebensbedingungen der Armen zu verschaffen. Dabei wurde er sich klar darüber, daß die Vollmachten, mit denen das Gesetz die Armenämter bisher ausgestattet hatte, bestenfalls Linderung für deren Nöte bringen konnten. Die wirklichen Gründe für die katastrophalen sanitären Verhältnisse waren zu eng mit der städtebaulichen Situation und ihren jüngsten

---

[61] Das sind die Worte von Nassau senior, der zusammen mit Chadwick der Hauptverantwortliche für das Gesetz war. Die Arbeitshäuser wurden später von Dickens in »Oliver Twist« (1838) beschrieben.

Veränderungen verknüpft, als daß man auf traditionelle Weise mit ihnen hätte fertig werden können.
Zwar existierten in den Städten zahlreiche öffentliche Körperschaften (allein in London waren es dreihundert), die für Beleuchtung, Straßenpflasterung, Kanalisation, Wasserversorgung und Einhaltung der Bau-, Polizei- und Verkehrsverordnungen zu sorgen hatten. Sie hatten aber alle Autorität verloren, da sie unfähig waren, sich auf die wesentlichen Dinge und die technischen Schwierigkeiten der neuen Situation einzustellen. 1835 traten zum ersten Mal gewählte Stadtverwaltungen ihr Amt an, denen die Aufgaben, die bisher unter den traditionellen Körperschaften aufgeteilt waren, insgesamt übertragen wurden. Um sie aber wirklich handlungsfähig zu machen, mußte man ihnen die dazu notwendigen Befugnisse erteilen und entsprechende Einschränkungen der persönlichen Rechte einführen.
Bei dem betont das Privateigentum begünstigenden Charakter der englischen Gesetzgebung und der englischen Gewohnheiten war diese Neuerung nur langsam und schwer durchzusetzen. Erst die Dramatik der Cholera-Epidemien, die sich seit 1831 immer wiederholten, überzeugte die Behörden schließlich davon, daß sie ihre Zurückhaltung aufgeben mußten. 1838 beauftragte die Londoner Stadtverwaltung den Ausschuß für das Armengesetz mit der Untersuchung einer Epidemie, die in Whitechapel ausgebrochen war. Der Bericht der Untersuchungskommission, die aus den drei Ärzten Neill Arnott, James Ph. Kay und Southwood Smith bestand, und vor allem der persönliche Bericht von Southwood Smith über den Mangel an Wasser beeindruckten die öffentliche Meinung tief. Chadwick erwirkte 1839 bei Lord Russell, daß die Untersuchung auf das ganze Land ausgedehnt wurde, und schrieb 1842 den abschließenden Bericht, der zum ersten Mal ein vollständiges Bild von den hygienischen Bedingungen gab, unter denen die Arbeiterklasse lebte [62].
Inzwischen hatte auch ein Ausschuß des Unterhauses begonnen, sich mit dem Thema zu beschäftigen, und veröffentlichte 1840 einen Bericht, der Chadwicks Darstellung bestätigte. Kurz darauf ernannte Sir Robert Peel, der auch von Lord Ashley und dem Prinzgemahl dazu gedrängt wurde, eine königliche Untersuchungskommission, die ihre Ergebnisse 1844 und 1845 veröffentlichte [63]. Dieser Bericht enthielt zahlreiche Vorschläge zur Verbesserung der gesundheitlichen Verhältnisse in den Städten:

---

[62] Report on the Sanitary Conditions of the Labouring Population, 1842. Vgl. J. P. Clapham: An Economic History of Modern Britain, the Early Railway Age, Cambridge, 1939, Kap. I.
[63] First Report of the Commissioners for Inquiring into the State of Large Towns and Populous Districts, 1844; Second Report usw. 1845.

Das Gesundheitswesen solle, unter unmittelbarer Oberaufsicht der Krone, den lokalen Behörden übertragen werden;
der Anlage von Kanalisationen hätten genaue Erhebungen über den betreffenden Bezirk vorauszugehen;
Kanalisationsarbeiten und Straßenpflasterung seien miteinander zu koordinieren;
den lokalen Behörden seien finanzielle Mittel zur Verfügung zu stellen, um das Straßennetz auszubauen und zu verbessern;
für alle Wohnungen seien hygienische Minimalforderungen festzusetzen und die Einrichtung von sanitären Anlagen zur Pflicht zu machen;
durch Erteilung von Lizenzen für die Vermietung von Wohnungen seien die Besitzer zu veranlassen, ungesunde Häuser mit der notwendigen Ventilation zu versehen und instand zu setzen;
Amtsärzte für das Gesundheitswesen seien einzusetzen;
in Industriestädten, in denen öffentliche Parkanlagen fehlen, seien dafür Grundstücke auszuweisen.
Schon daraus wird deutlich, daß die zukünftige Gesundheitsgesetzgebung nur im Rahmen einer generellen Baugesetzgebung ihren richtigen Platz finden konnte und daß, wenn man erst einmal ein Problem – das der sanitären Verhältnisse – in Angriff nahm, die Behandlung aller anderen Probleme sich von selbst ergeben mußte.
Die erste juristische Folge dieser Untersuchungen war das Gesetz vom 9. August 1844 für London und Umgebung[64], das die hygienischen Minimalforderungen für Mietwohnungen festsetzte und die Benutzung von Kellerräumen als Wohnungen von 1846 an untersagte. 1846 wurde dann auch das Gesetz über die Einrichtung öffentlicher Bäder und Waschanstalten in der Hauptstadt verabschiedet.
Noch im selben Jahr begann das Parlament mit der Ausarbeitung eines Generalgesetzes. Aber während eine neue Epidemie Entscheidungen dringlich machte, legten Politiker und Journalisten nachdrücklich die theoretischen Argumente des Liberalismus gegen eine staatliche Einmischung in diese Dinge dar.
Ein erster Gesetzestext, der auf den Empfehlungen der Royal Commission fußte, wurde 1847 vorgelegt, dann aber zurückgezogen. Erst im Jahr darauf wurde die erste Public Health Act verabschiedet. Obwohl von geringerer Reichweite als die Empfehlungen der Kommission, war sie doch als erster Versuch, die neue städtebauliche Realität wenigstens in ihren wichtigsten Aspekten in der Gesetz-

---

[64] 7 et 8 Victoriae Reginae, cap. LXXXIV; an Act for Regulating the Construction and the Use of Buildings in the Metropolis and its Neighbourhood, S. 190.

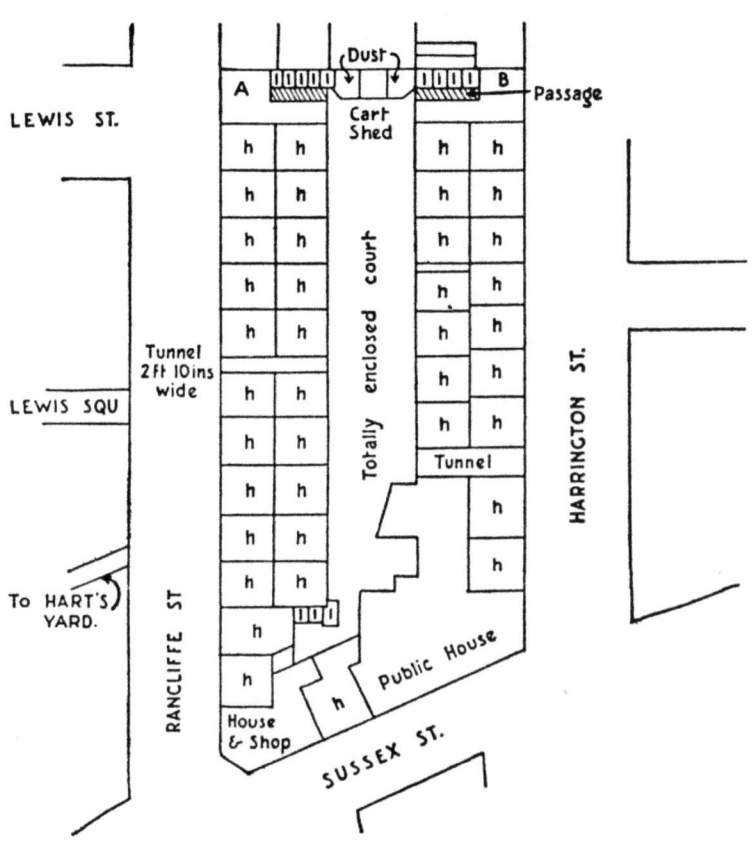

31 Grundriß eines Hofes in Nottingham, der dem Bericht der königlichen Kommission über die Zustände in den großen Städten beigelegt war (aus Hoskins)

gebung zu berücksichtigen, von kaum zu ermessender politischer Bedeutung.

Dieses Gesetz vom 31. August 1848 ist ein umfängliches, in alle Einzelheiten gehendes Dokument und beansprucht in den offiziellen Akten beinahe siebzig Seiten[65]. Seine Länge ist teilweise auf die Eigentümlichkeiten englischer Rechtsbegriffe zurückzuführen, zum Teil aber auch auf die Besonderheit des neuen Gesetzes. Es führte eine neue Konzeption von öffentlicher Kontrolle auf einem – bisher gesetzlich nicht geregelten oder allenfalls durch nicht übereinstimmende und veraltete Vorschriften geregelten – Gebiet ein und bedurfte deshalb genauer Abgrenzungen gegen andere Gesetze oder herrschende Gewohnheiten. Allein die Definition der verwendeten Begriffe beansprucht deshalb beinahe drei Seiten.

Der Zweck des neuen Gesetzes wird am Anfang folgendermaßen erläutert: »Da neue wirkungsvollere Maßnahmen zur Verbesserung der hygienischen Verhältnisse in den dicht bevölkerten Städten und Distrikten in England und Wales zu treffen sind, ist es zweckmäßig, die Wasserversorgung dieser Städte und Distrikte, Kanalisation, Entwässerung, Müllabfuhr, Straßenpflasterung und deren Kontrolle einem und demselben örtlichen Organ zu unterstellen, das seinerseits der weiter unten erwähnten Oberaufsicht untersteht ...« (Art. 1).

Erster Punkt des Gesetzes ist die Einrichtung eines General Board of Health, der aus drei von der Königin zu ernennenden Mitgliedern, einem Sekretär und dem notwendigen Personal besteht. Dieser Board ist befugt, in Orten, in denen mindestens ein Zehntel der Einwohner das fordert oder die Sterblichkeit 23 Promille übersteigt, Inspektoren zur Durchführung von Untersuchungen zu ernennen (Art. 3–8).

Im Zusammenhang mit derartigen Untersuchungen sorgt der General Board of Health in den betreffenden Orten für Anwendung des neuen Gesetzes und teilt sie zu diesem Behufe in Distrikte ein, die nicht unbedingt mit den normalen Verwaltungsdistrikten übereinzustimmen brauchen (Art. 9–11).

In jedem Distrikt wird ein örtlicher Board of Health eingesetzt, der aus Beamten und Vertretern der Hausbesitzer und Steuerzahler besteht. Die folgenden Artikel (12–33) legen den Wahlmodus für diese Vertreter fest.

Die Befugnisse der örtlichen Boards of Health erstrecken sich auf:
a. Kanalisation (Art. 41–54). Hier sieht das Gesetz vor allem die Erstellung eines Planes vor, der ein den Bedürfnissen des Distriktes entsprechendes Kanalisationssystem in einem vom General Board of Health vorgeschriebenen Maßstab darstellt. Ferner sollen »alle bei

---

[65] 11 et 12 Victoriae Reginae; an Act for Promoting the Public Health, S. 721.

Inkrafttreten des Gesetzes bestehenden oder von diesem Zeitpunkt an (außer in Ausnahmefällen) gleichzeitig mit den Gebäuden zu erstellenden Kanalisationsanlagen mit allen zugehörigen Materialien in den Besitz des örtlichen Board of Health übergehen«. Die Enteignung bestehender Anlagen ist vorgesehen. Jedes neu zu erbauende Haus muß seine eigene Kanalisation und einen Abort erhalten. Zuwiderhandelnde haben mit Strafen bis zu 20 Pfund und nachträglichem Einbau des fehlenden Aborts auf ihre Kosten zu rechnen. Bei Neubauten ist die Lage der tiefsten Räume und der sanitären Anlagen meldepflichtig und bedarf der Genehmigung des örtlichen Board. Zuwiderhandelnde haben mit Strafen bis zu 15 Pfund und der nachträglichen Veränderung ordnungswidrig errichteter Bauten zu rechnen.
b. Müllabfuhr (Art. 55–57).
c. Beseitigung von Quellen der Gesundheitsgefährdung wie offenen Kanälen, Schweineställen, Müllhaufen, stehendem Wasser in Kellern usw. (Art. 58–60).
d. Schlachthausordnung (Art. 61–65).
e. Vorschriften für Miethäuser (Art. 66–67), um deren Lüftbarkeit und Sauberkeit zu gewährleisten. Die Benutzung von Kellern als Wohnräume ist nur unter bestimmten Voraussetzungen gestattet. Keller, die diesen Voraussetzungen nicht entsprechen, müssen innerhalb eines Zeitraumes von sechs Monaten bis zu einem Jahr von Bewohnern geräumt werden.
f. Straßenpflasterung und -instandhaltung (Art. 68–73).
g. Öffentliche Gartenanlagen. Sie können nach Genehmigung durch den General Board of Health von den lokalen Boards vorgesehen, entworfen, angelegt und unterhalten werden. Bereits bestehende Anlagen können verbessert und, soweit von privater Seite errichtet, durch Zuschüsse unterstützt werden (Art. 74).
h. Wasserversorgung (Art. 75–80).
i. Leichenbestattung (Art. 81–83).
Artikel 117 bestimmt, daß die lokalen Boards die Überwachung der staatlichen Straßen zu übernehmen haben.
Die Artikel 84 ff. betreffen Verwaltung und Finanzierung der örtlichen Boards. Die durch die Errichtung der erwähnten Anlagen entstehenden Kosten müssen durch Sonderabgaben der Besitzer der von ihnen betroffenen Grundstücke (special district rates) oder durch dem gesamten Distrikt auferlegte Steuern (general district rates) aufgebracht werden. Sofern die ausgeführten Arbeiten eine Wertsteigerung von Privatbesitz darstellen, ist dessen Eigentümer zu weiteren Steuern (private improvement rates) heranzuziehen.
Die Beziehungen zwischen Boards und Privatleuten werden von den letzten Artikeln im einzelnen geregelt. Den Eigentümern werden zahlreiche Garantien gegeben, doch unterliegt die volle Ausübung

32 *Kanalisationsanlagen in Paris, Ecke Rue Soufflot und Rue Saint Jacques (aus Joanne: Paris illustré, 1870)*

ihrer Eigentumsrechte zwangsläufig vielfältigen Beschränkungen durch das neue Gesetz. Neben der Einhaltung der Vorschriften, der Zahlung von Steuern und der eventuellen Enteignung sind alle Privatleute verpflichtet, den Beamten des Board of Health freien Zutritt zu Gebäuden und Grundstücken zu gewähren, »um die Erstellung der Pläne, die Inspektion, Vermessung, Nivellierung, Überwachung der Arbeiten und Festlegung von Kanalisation, Abwasserleitungen und Grundstücksgrenzen zu ermöglichen«.

Das Gesetz findet keine Anwendung auf die Londoner City (für die die Metropolitain Commission of Sewers mit weitreichenden Befugnissen zuständig ist), für die Distrikte, in denen die am 13. November und 14. Dezember 1847 eingesetzten Commissions of Sewers ihre Aktivität entfalten, und für den Bereich von Regent's Park, der seit 1825 einer Sonderregelung unterliegt.

Von besonderem Interesse sind die Parlamentsdebatten, die den Weg des Gesetzes bis zu seiner Verabschiedung begleiten, durch die Vielfalt und den Nachdruck der Einwände dagegen, die nicht nur von den betroffenen Eigentümern und ihren Vertretern, sondern auch von liberalen Theoretikern wie Herbert Spencer[66] vorgebracht wurden. Walter Lippmann erwähnt sie als typische Beispiele für die durch die Lehre der Nichteinmischung des Staates verursachten Fehlentwicklungen.

Der radikale »Economist« beklagt am 13. Mai 1848, daß die Public Health Act nicht auf eine entsprechende Opposition gestoßen sei. Er lehnt es ab, auf Einzelheiten einzugehen, da das Gesetz sich »mit einer Reihe von Gegenständen befasse, deren bloße Aufzählung uns dazu zwänge, unsere Spalten mit einer Liste nahezu anstößiger Worte zu füllen« (gemeint sind Kanalisation, Abfallhaufen usw.). Er fährt fort: »Leiden und Übel sind Mahnungen der Natur. Sie sind nicht auszuschalten, und die ungeduldigen Versuche der Philanthropie, sie ohne Einsicht in ihren Sinn und Zweck durch Gesetzgebung aus dieser Welt zu verbannen, haben stets eher zum Bösen als zum Guten geführt.«[67]

Gegen diese philosophischen Betrachtungen konnten Chadwick und seine Kollegen lediglich den gesunden Menschenverstand und die Realität der Epidemien ins Feld führen, die gerade in diesen Tagen in London wüteten. Aber die Beunruhigungen der Fachleute hatte ihren guten Grund. Denn das Gesetz stellte nur den ersten Schritt zu einer tiefgreifenden Veränderung der Institutionen dar, die nicht vor den 1848 von den Gesetzgebern gezogenen Grenzen haltmachen sollten.

Die lokalen Boards traten nur langsam und mühsam in Funktion. In der ersten Zeit, in der das Gesetz in Kraft trat, war darum vor allem das Tätigwerden des General Board of Health wichtig, zu dem zwei hervorragende Politiker, Lord Shaftesbury und Lord Morphet, und zwei Spezialisten für Fragen der öffentlichen Hygiene, Edwin Chadwick und Southwood Smith, gehörten. Ständig angefeindet arbeitete der Board, bis er 1854 aufgelöst und seine Kompetenzen einem priva-

---

[66] H. Spencer: Social Statics, 1851. Walter Lippmann: Die Gesellschaft freier Menschen. Bern, 1945.
[67] J. H. Clapham, a. a. O., S. 545.

 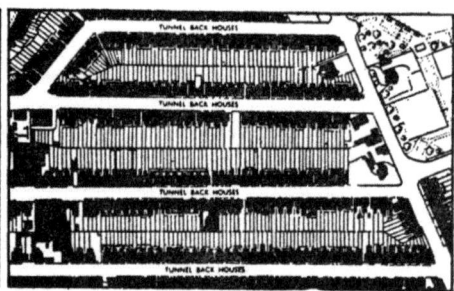

33 Birmingham, Bebauung by law in drei konzentrischen Zonen der Stadt, die die Entwicklung der Bauvorschriften von der Mitte bis zum Ende des 19. Jahrhunderts erkennen läßt (aus F. Hiorns: Town Building in History).

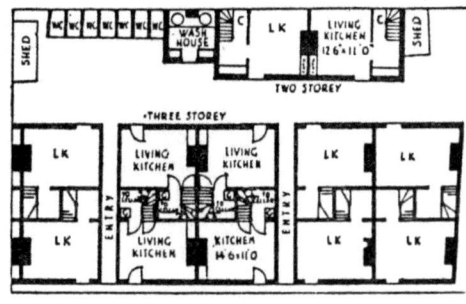

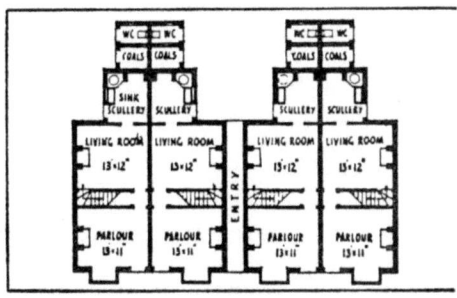

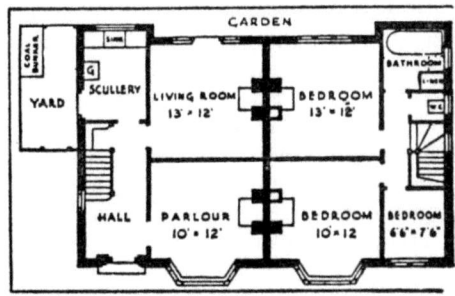

34 Die verbreitetsten Bautypen in den drei Zonen: dreigeschossige Häuser mit
Aborten auf dem Hof, zweigeschossige Häuser mit angebauten WCs, Doppelhäuser
mit Garten (aus Hiorns).

ten Council übertragen wurden. Während dieser Zeitspanne rief er 183 lokale Boards ins Leben und veranlaßte die Verabschiedung eines ersten Gesetzes über subventionierten Wohnungsbau, das 1868 und 1875 ergänzt wurde. Aber die englische Gesundheitsgesetzgebung war inzwischen nicht mehr rückgängig zu machen. Die nächsten Schritte stellten die Einsetzung eines Local Government Board mit Rechtsbefugnissen im Gesundheitswesen und in der Armenfürsorge dar. Dieses Gesetz blieb in Kraft, bis 1890 ein neues Gesetz die bisherigen Wohnungsbau- und Gesundheitsgesetze in der Housing of the Working Classes Act vereinheitlichte.

In Frankreich traten die Folgen der Industrialisierung und des mit ihr zusammenhängenden Städtebaus erst später zutage, aber die hygienischen Verhältnisse in den französischen Großstädten und industriellen Ballungsräumen waren nicht weniger alarmierend als in England.

1840 entwarf Frégier, ein Beamter bei der Präfektur des Départements Seine, einen Plan für den öffentlichen Wohnungsbau, der minderbemittelten Bevölkerungsschichten zugute kommen sollte[68]. Im selben Jahr veröffentlichte L. R. Villermé eine erste Dokumentation über die Lebensbedingungen der Arbeiter[69]. Aber zur Zeit der Julimonarchie machte die ungestörte Herrschaft des liberalen Bürgertums jede wirkungsvolle Maßnahme zur Einschränkung der Eigentumsrechte bei Haus- und Grundbesitz unmöglich. Die Polemik gegen ungesunde Wohnungen wurde deshalb zu einer Sache der beiden Haupt-Oppositionsströmungen, der Katholiken und der Sozialisten. 1842 beauftragte die Société de St. Vincent de Paul eine Studienkommission mit der Untersuchung der hygienischen Verhältnisse in den Arbeiterwohnungen in Lille. 1845 begann die Société d'Économie Charitable mit der Publikation der »Annales de la Charité«, in denen mehrere Schriften über die Sanierungsprobleme in Arbeitervierteln erschienen[70]. Inspiriert wurden diese Initiativen vom Vicomte Armand de Melun, der während des Zweiten Kaiserreiches auch das erste Stadtplanungsgesetz zur Vorlage brachte.

Die Sozialisten arbeiteten in demselben Sinn. Die eindrucksvollen Schilderungen der »Annales de la Charité« tauchen deshalb alsbald auch in Louis Auguste Blanquis Bericht über die Lage der Arbeiterklasse 1848[71] auf. Aber die Sozialisten gingen doktrinärer an das

[68] Des classes dangereuses de la population des grandes villes et des moyens de les rendre meilleures. Paris, 1840.
[69] L. R. Villermé, Tableau de l'état physic et moral des ouvriers. Paris, 1840.
[70] Mme. de Caron: Du logement du pauvre et de l'ouvrier. 1845, S. 393–402; H. Romain: Des classes ouvrières. 1847, S. 747–762.
[71] L. A. Blanqui: Des classes ouvrières en France pendant l'année 1848, Paris, 1849.

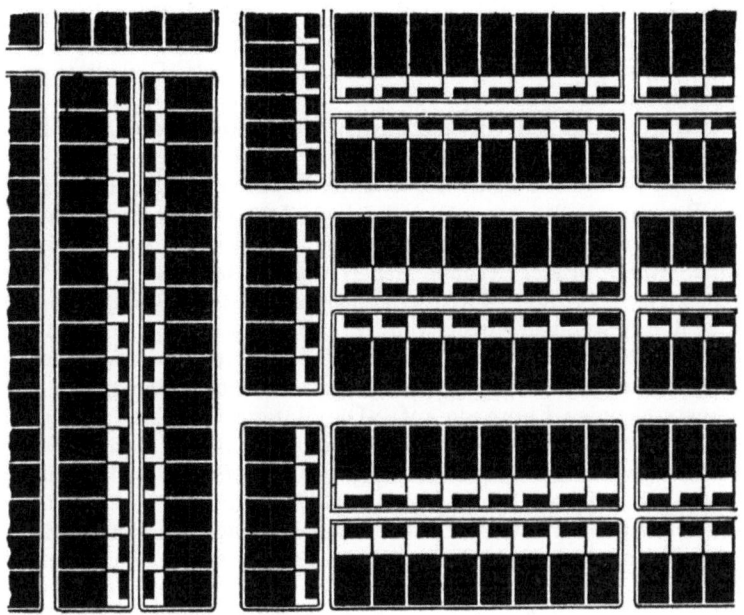

35 Bebauung nach den Vorschriften der Public Health Act von 1875 (aus C. Bauer: Modern Housing). Den Bestimmungen der ersten Bauvorschriften über Höhen, Abstände usw. kamen die Bauunternehmer buchstabengetreu nach, um die höchste erlaubte Bebauungsdichte zu erreichen. Diese Stadtrandviertel sind darum von beklemmender Eintönigkeit. Solange der spekulative Druck anhielt, der zu den ersten jerry buildings führte, hatten die Bauvorschriften noch geringe Wirkung. Um ihre tatsächliche Bedeutung festzustellen, müßte man sie jeweils mit den Bebauungsplänen vergleichen.

Problem heran und erwarteten von einer neuen Wirtschaftsverfassung eine globale Lösung aller sozialen Probleme, die auch die Wohnungsprobleme automatisch einschließen würde. Deshalb waren es die Katholiken mit ihrer Tendenz, jedes Problem für sich zu behandeln, die sich am entschiedensten für städtebauliche Reformen einsetzten.

Während der kurzen Dauer der Zweiten Republik fanden die Studien und Programme der vorangehenden zwei Jahrzehnte eine Konkretisierung durch ein Gesetz, das auf Veranlassung von Armand de Melun durch seinen Bruder Anatole der Nationalversammlung vorgelegt wurde. Nach Prüfung durch zwei parlamentarische Kommissionen unter dem jeweiligen Vorsitz von M. Labordère und M. de Riancey empfahl letzterer in seinem offiziellen Bericht die Verabschiedung des Gesetzes und trat dabei vorsichtig, aber entschieden gegen die vorauszusehenden Einwände auf: »Die Materie ist heikel ... denn der freie Gebrauch seines Eigentums durch den Bürger und die freie Verfügung darüber fordern die strengste Rücksicht, da sie die Grundlagen aller sozialen Ordnung sind.« Gleichwohl gibt es zahlreiche Fälle, in denen »privates Recht und Interesse hinter dem öffentlichen Interesse zurückzustehen« haben. Und schon heute gibt es Einschränkungen des Eigentumsrechtes. So ist es verboten, verdorbene Lebensmittel zu verkaufen oder ein schadhaftes Schiff auf Fahrt zu schicken. Aber diese Verbote schwächen das Eigentumsrecht nicht, sondern schützen es. Denn »Eigentumsrecht ist am sichersten im Gesetz verankert, das seine Ausübung regelt und sanktioniert«[72].

Gleichwohl wurde das Gesetz von den Liberalen unter Thiers, die als Verteidiger der »Menschenrechte« auftraten, und von den Sozialisten angegriffen, die bereits durch das Scheitern der »ateliers nationaux« enttäuscht waren und allen nur partiellen Reformbestrebungen mißtrauten. Zu den bezeichnendsten Protesten gehört neben einem Aufsatz in der »Revue des Deux Mondes« aus der Feder des ehemaligen Saint-Simonisten Michel Chevalier[73] ein Artikel in der sozialistischen Zeitung »La Voix du Peuple«. Er beschwört das Los der aus ungesunden Wohnungen vertriebenen Arbeiterfamilien, die nicht in der Lage sind, sich eine bessere Wohnung zu beschaffen, und die deshalb dazu verurteilt sind, »einen anderen Unterschlupf zu finden, den die Polizei noch nicht entdeckt hat, oder im Freien zu schlafen«[74].

---

[72] Zitiert in J. Hugueney: Un centenaire oublié: La première loi d'urbanisme, 13 avril 1850, in »La vie urbaine«, 1950, S. 246. Der Bericht ist in den »Annales de la Charité«, 1849, S. 725–736 wiedergegeben.

[73] 15. März 1850, S. 976.

[74] 7. März 1850. Vgl. die Entgegnungen von M. de Melun in den im »Moniteur« wiedergegebenen Parlamentsakten.

Während der Debatte wurden einige interessante Zusatzparagraphen beantragt und abgelehnt. Der Republikaner Théophile Roussel schlug vor, die vorgesehenen Sanierungsarbeiten auf ganze Stadtviertel auszudehnen. Louis Wolowski forderte, die kommunalen Verwaltungen sollten in die Lage versetzt werden, anstelle der abgerissenen alten Bauten neue zu errichten. Eine letzte Cholera-Epidemie im Jahr 1849 gab dann vermutlich den Ausschlag für die Verabschiedung des Gesetzes vom 13. April 1850. Es geht nicht so weit wie das entsprechende englische Gesetz, sondern beschränkt sich auf Verordnungen über die Ausstattung von Mietwohnungen und überläßt deren Anwendung kommunalen Behörden, denen keine koordinierende und drängende Zentralbehörde zur Seite stand.
Art. 1 erklärt: »In allen Gemeinden, in denen der Gemeinderat das für erforderlich hält, ist eine Kommission zu ernennen und mit der Ausarbeitung der notwendigen Maßnahmen zur Instandsetzung ungesunder Wohnungen und Nebenräume zu beauftragen, die vermietet sind oder von anderen Personen als dem Eigentümer, Nießbraucher oder Verfügungsberechtigten bewohnt werden.«
Art. 2 enthält Bestimmungen über die Zusammensetzung der Kommission, zu der ein Architekt und ein Arzt (beide nicht unbedingt am Ort wohnhaft) gehören müssen. Die folgenden Artikel gehen auf die Gründe der Gesundheitsschädlichkeit von Wohnungen ein. Sofern sie auf die Schuld des Eigentümers zurückzuführen sind, ist dieser verpflichtet, die notwendigen Sanierungsarbeiten ausführen zu lassen, andernfalls er mit einer Geldstrafe bis zur doppelten Höhe der Arbeitskosten zu rechnen hat. Der Artikel 13 bestimmt schließlich: »Sofern gesundheitsschädliche Folgen von dauernden äußeren Einflüssen hervorgerufen werden, kann die Gemeinde den gesamten Besitz, in dessen Umkreis Sanierungsarbeiten vorgenommen werden müssen, nach den Modalitäten des Gesetzes vom 3. April 1841 enteignen«[75].
Anders als in England gab es in Frankreich eine gesetzliche Enteignungsmöglichkeit, die ursprünglich den Zweck gehabt hatte, die für die Ausführung öffentlicher Arbeiten notwendige gesetzliche Grundlage zu schaffen, jetzt aber für die Sanierung von Wohnvierteln in Anspruch genommen werden konnte. Dabei handelt es sich um dasselbe Gesetz, mit dessen Hilfe Haussmann unter Anwendung eines Zusatzparagraphen vom 23. Mai 1852, der es gestattete, Enteignungen nicht nur aufgrund von Gesetzen, sondern auch aufgrund von Entschlüssen der Exekutive vorzunehmen, in den nächsten zwanzig Jahren seine radikalen Veränderungen von Paris vornahm.

---

[75] J. Hugueney, a. a. O., S. 246.

1848 UND DIE FOLGEN

Die Revolution von 1848 ist nicht nur der entscheidende Augenblick für die politische und die Kulturgeschichte des 19. Jahrhunderts, sondern auch eine Wende in der Geschichte der modernen Stadtplanung. Eine systematische Studie über die Beziehungen zwischen politischen Ereignissen und städtebaulichem Geschehen ist bisher noch nicht geschrieben worden. Infolgedessen ist man hier vorläufig auf Andeutungen und Hypothesen angewiesen, die von der Forschung noch bestätigt werden müssen. Die nicht sehr umfängliche bisher zur Verfügung stehende Dokumentation mag aber genügen, um die entscheidende Bedeutung dieser Krise auch für unser Gebiet nachzuweisen.
Der lange gemeinsame Kampf gegen die Regierung Louis-Philippes hatte in Frankreich die bürgerliche und die Arbeiteropposition einander so stark angenähert, daß 1843 die Fusion der Republikaner von Alexandre Ledru-Rollin und Louis Eugène Cavaignac mit den Sozialisten unter Louis Blanc möglich wurde. Das Motiv für diese vorübergehende Verbindung war nicht nur taktischer Art. Die politischen Gruppen standen jetzt unter dem Druck der Arbeiterklasse, die sich ihrer Lebensbedingungen bewußt geworden war und auf deren Besserung drängte. Das angesteuerte Ziel wurde von den unittelbar Interessierten in schlichten Worten ausgesprochen. (»Ainsi vous obtiendrez ce qui est just et légitime, c'est à dire un salaire suffisant pour vous nourrir, vous, vos femmes et vos enfants«, schreibt der Arbeiter Efrahem[1]). Sie schlugen jetzt einen befehlenden, drängenden Ton an und verglichen die einander widersprechenden Programme der verschiedenen Richtungen. Man hatte nicht mehr Zeit, um zu warten und zu diskutieren. »Das Parlament ist für das Volk zu langsam«, bemerkt John Fielden 1833[2].
Die Erfahrungen der provisorischen Regierung, die aus der Februarrevolution hervorgegangen ist, untergraben die Absprachen zwischen

---

[1] Zitiert bei E. Dolleans: Histoire du mouvement ouvrier. Paris, ³1947, S. 49.
[2] a. a. O., S. 109.

den Gruppen, die an die Macht gekommen sind, und zerstören die
große Hoffnung, die sie zustande gebracht hatte. Die Ereignisse im
Frühjahr 1848 enthüllen, nach der klassischen Interpretation von
Marx, hinter dem Anschein gemeinsamer Programme die Realität
des Klassenkampfes, in dem sich die bürgerlichen Parteien gegen die
Arbeiterpartei wenden. Dabei wird der Utopismus der Sozialisten
deutlich, die ihre organisatorischen Vorstellungen zu verwirklichen
hoffen, ohne den Interessenkonflikt zwischen den betroffenen Kräften
abzuklären und ohne eine klare Marschroute in Hinblick auf die einander widerstreitenden Kräfte zu haben.
Nach der Erklärung, sie garantiere allen Bürgern das Recht auf Arbeit,
richtete die Regierung am 27. Februar die »ateliers nationaux« ein.
Damit wurde eine der programmatischen Forderungen von Blanc
erfüllt. Der republikanische Minister Marie verfuhr dabei aber so,
daß ein Scheitern unumgänglich war. Blanc hatte ein regelrechtes
Eingreifen des Staates in die Industrie gefordert, bei dem die Arbeiter
ihren Fähigkeiten entsprechend und in Hinblick auf eine einheitliche
Entwicklung der Wirtschaft in den dazu geeignetsten Bereichen beschäftigt werden sollten. Statt dessen führten die hunderttausend
Arbeiter, die Marie organisiert hatte, überflüssige Terrassierungsarbeiten auf dem Champ de Mars aus. So lag es nahe, in der unnützen Beschäftigung der Arbeiter in den ateliers nationaux ein Zeichen für die
allgemeine Unfähigkeit zu sehen, politische Veränderungen in konkretes Handeln zu übersetzen. Die Forderungen auf den Transparenten
der demonstrierenden Pariser am 28. Februar – »Ministerium des
Fortschritts«, »Organisation der Arbeit« – sind deshalb nicht nur als
Hinweise auf die theoretischen Programmpunkte von Blanc anzusehen, sondern als vorläufig noch symbolische Anspielung auf eine
Planung für Wirtschaft und Städtebau, die in der Folgezeit an die
Stelle der ideologischen Leere treten sollte.
Mit der Sensibilität seines antikonformistischen Geistes stellt Proudhon
schon am 26. Februar fest: »Viele Worte und keine Idee!... Da die
Regierung keine Ideen hat, tut sie nichts, vermag sie nichts, will sie
nichts. Wie leicht geht man so der Diktatur entgegen!«[3]
Die Arbeiterrevolte im Juni 1848 nach der Schließung der ateliers
nationaux macht die – in den Theorien der Sozialisten postulierte –
wirtschaftliche Revolution vollends unmöglich. Die Arbeiterbewegung
geht aus dieser Revolte verwirrt und gespalten hervor, ist sich aber
jetzt des hinter der politischen Debatte verborgenen Interessenkonflikts bewußt und begreift, daß sie sich mit ihm auf einer neuen
kritischen und organisatorischen Ebene auseinandersetzen muß. So

---

[3] a. a. O., S. 230.

schlägt sie nun eine neue wissenschaftliche und internationale Richtung ein.
Das Manifest von Marx und Engels, das einen Monat vor den Ereignissen in Frankreich niedergeschrieben wurde, ist das Dokument dieser neuen Diskussion, die 1864 zur Gründung der I. Internationale führen sollte. Der Akzent liegt jetzt auf dem zentralen politischen Problem von Besitz und Herrschaft, dessen Lösung als Voraussetzung für jede Veränderung in der Situation der Arbeiter gilt. Jede Teilreform, die innerhalb des kapitalistischen Systems vorgenommen wird, führt zur Verfestigung dieses Systems und ist deshalb als unwirksam zu betrachten.
In seiner Eröffnungsrede 1864 wiederholt und erweitert Marx die Kritik am utopistischen und Reformsozialismus, die er schon im Manifest ausgesprochen hat. Bei den ersten Versammlungen der Internationale wird das Gespräch darüber zwischen Marx und Bakunin vor allem zum Zwecke der Kritik an den laufenden Experimenten wiederaufgenommen und ist einer der Gründe, die 1873 zur Auflösung der Organisation führen. Damit kommt es zu einer vollständigen Trennung zwischen Stadtplanungsexperimenten und der Politik der Linken in Europa. Der Utopismus der Stadtplaner und die programmatische Versteifung der Politiker tragen gleichermaßen dazu bei. Dabei kann das Urteil über den Anteil beider hieran schwanken. Gar nicht zu leugnen aber sind Phasenverschiebungen, Verspätungen und Schwierigkeiten, die die Folgen dieser Trennung waren und bis heute andauern.
Auf städtebaulichem Gebiet ist das unmittelbare Ergebnis eine Verstärkung der rein technischen Einstellung. So finden in den zwanzig Jahren, die der Revolution von 1848 folgen, die ersten großen Eingriffe in die europäischen Städte statt: Haussmanns grands travaux in Paris (1853–1869), die entsprechenden Maßnahmen Anspachs in Brüssel (1867–1871), der Bau der Wiener Ringstraße (seit 1857), die Erweiterung von Barcelona (seit 1859) und von Florenz (1864–1877) und die Veränderungen und neuen Anlagen in London, wo Joseph Bazalgette zwischen 1848 und 1865 das neue Vorflutersystem der Themse entlang, das Victoria und das Albert embankment, errichtet und 1863 mit dem Bau der Untergrundbahn begonnen wird. Das alles ist das Werk einer neuen Schicht von Planern und Beamten, die als Wissenschaftler und Fachleute stolz auf ihre Fachkompetenzen und Verantwortungen sind.
Aber diese Unabhängigkeit der Technik ist bloßer Schein oder Konvention. In Wirklichkeit hängt der Städtebau eng mit dem europäischen Neo-Konservatismus zusammen. Napoleon III. in Frankreich, die jungen Tories unter der Führung von Disraeli in England und Bismarck in Deutschland werden sich rasch klar darüber, welche

Bedeutung eine organische Politik öffentlicher Arbeiten für die politische Stabilität ihrer Länder haben kann. Um einen zu starken Druck auf die zu bewahrenden Institutionen zu verhindern, werden Teilreformen durchgeführt, auch wenn sie von der linken Opposition ausgearbeitet worden sind.
Die Ursprünge dieses neuen Reformismus, zu dessen bedeutendsten Aspekten die Stadtplanungen gehören, gehen sicherlich auf die humanitären Bestrebungen zurück, von denen ein so großer Teil der Literatur in dem Jahrzehnt vor 1848 erfüllt ist. Zum Teil war diese Literatur wohl von den sozialistischen Utopien inspiriert. Häufiger aber neigte sie dazu, anstatt verpflichtende Urteile zu äußern, sich in unverbindlichen Klagen über die Leiden der Armen und in einem ebenso unverbindlichen Appell an die allgemeine Solidarität zu ergehen. Im Gegensatz zu den düsteren Beschreibungen der Elendsbehausungen in den Industriestädten, denen man in den Romanen von Kingsley, Elizabeth Gaskell, Dickens und Sue begegnet, und neben den idealisierenden Schilderungen der guten alten Zeit, als es noch keine Industrie gab, taucht hie und da das Bild dessen auf, wie Lebens- und Arbeitsmilieu in einer modernen Industriegesellschaft aussehen könnten, wenn die sozialen Beziehungen anstatt auf einem wirtschaftlichen Antagonismus auf gegenseitigem Wohlwollen aufgebaut wären. Die ganze Sympathie der Autoren gehört den zahlreichen Gestalten von Philanthropen und aufgeklärten Industriellen, wie den Brüdern Cheerybee in Dickens' »Nickolas Nickelby« (1839) oder Herrn Hardy, von dem Sue im »Juif errant« spricht (1845). So sieht zum Beispiel das Modelldorf aus, das Herr Hardy für seine Arbeiter erbaut hat:
»Herrn Hardys Fabrik machte an diesem Morgen einen festlichen Eindruck, der gut zu dem strahlenden Himmel paßte. Man muß wissen, daß neben dem Industriebau, der ausschließlich Arbeitszwecken diente, ein anderes großes Gebäude stand, das in viele kleine Wohnungen für die Arbeiter unterteilt war. In seinem Erdgeschoß gab es Genossenschaftsläden, Warenlager aller Art, eine Wäscherei, eine Abendschule, einen Raum für Erste Hilfe und Räume für verschiedene Freizeitbeschäftigungen, die alle von einer aus Angestellten und Arbeitern der Fabrik bestehenden Verwaltung organisiert und geleitet wurden. Alles war von Herrn Hardy, der das notwendige Kapital dazu gegeben hatte, so umsichtig und weise geplant worden, daß Mieten und Lebensmittel um ein Drittel weniger als gewöhnlich kosteten. Zudem konnte jeder Arbeiter aufgrund eines laufenden Kontos, dessen Aktivseite sein Lohn und dessen Passivseite die Miete und seine Abhebungen darstellten, einmal im Monat bezahlen. Und das alles war möglich, ohne das von Herrn Hardy in diese Art Gemeinschaftshaus investierte Kapital um seine gerechte Rendite von

36 Wien. Das Straßennetz, das zwischen 1859 und 1872 auf den früheren Basteien angelegt wurde.

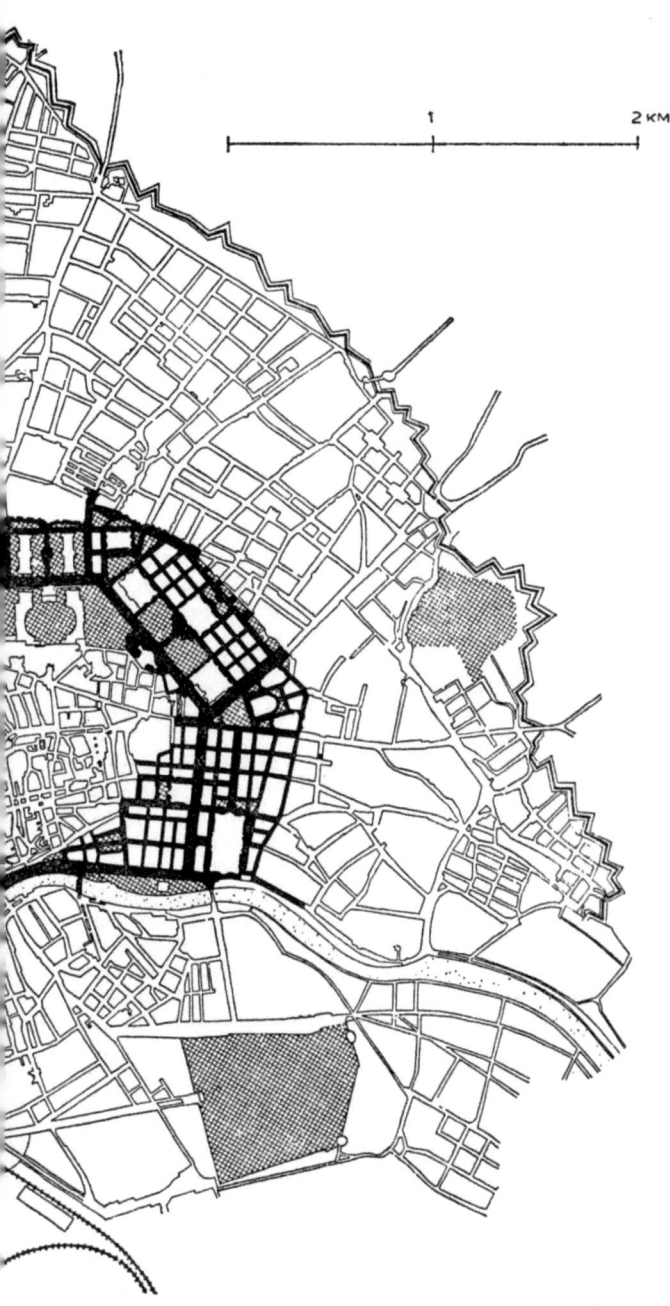

etwa fünf Prozent zu betrügen. Diese und viele andere soziale Maßnahmen hatten Herrn Hardys Arbeiter im Vergleich zu der Masse der anderen Arbeiter zu wahrhaft Privilegierten gemacht, und daher rührte der Haß und der Neid, der von interessierten Volksaufwieglern gegen sie geschürt wurde.«[4]
Der Bezug auf Owen und Fourier ist hier deutlich spürbar. Freilich ist nur ihr äußerer Rahmen ohne seinen politischen Gehalt übriggeblieben. Aber es wäre ungerecht, in Sues harmloser Schilderung eine Ideologie suchen zu wollen, die im übrigen völlig im Gegensatz zu seinen sozialistischen Überzeugungen gestanden hätte.
Bei Disraeli dagegen wird dasselbe Thema mit einer präzisen politischen Absicht aufgenommen. Coningsby, der Protagonist des gleichnamigen Romans (1844), ist in Manchester zu Besuch und beob-

---

[4] Eugène Sue: Le Juif errant, 1845, Teil XIV. Eine andere politisch entschiedenere Beschreibung ist in seinem Roman »Les Misères des Enfants trouvés« (1851) enthalten, die an Fouriers Phalanstère erinnert.
»Das Schloß des Grafen Duriveau war von Grund auf umgestaltet worden. Der Hauptflügel und die beiden Seitenflügel waren stehengeblieben, und die beiden Seitenflügel waren so sehr verlängert worden, daß sie zusammen mit Neubauten auf der dem Hauptflügel gegenüberliegenden Seite, die die beiden Seitenflügel miteinander verbanden, ein riesiges Viereck bildeten. Ein breiter Säulenvorbau, der auf der Innenseite des Vierecks entlanglief, bildete im ersten Stock eine Terrasse und im Erdgeschoß einen Wandelgang, in dem man, ohne Sonne oder Regen fürchten zu müssen, umhergehen konnte.
Das ganze Gelände, das von diesen weitläufigen Bauten umschlossen wurde, war als Garten angelegt. Seine Alleen und Pfade führten alle zu einem runden Platz in der Mitte, wo ein Springbrunnen plätscherte. Dieses Denkmal aus Stein und Schmiedeeisen endete in einem kreisförmigen Ornament, auf dem in großen Buchstaben zu lesen war: NIEMAND HAT EIN RECHT AUF ÜBERFLUSS, SOLANGE NICHT ALLE DAS NOTWENDIGE HABEN. Nachts waren der Garten, das Gebäude und der Säulengang ganz von Gaslampen erleuchtet, deren helles Licht da und dort sogar in den Park und bis zu einem Wald aus jahrhundertealten Bäumen drang, der erhalten worden war und sich hinter dem Schloß ausdehnte. Zur Rechten dieses Vierecks, inmitten zahlreicher neu hinzugefügter Bauten ragten die riesigen Essen verschiedener Dampfmaschinen empor, die zum Teil der Erleichterung und Verkürzung gewisser Arbeiten dienten, zum Teil das Wasser in alle Teile des Baues pumpten und dort zirkulieren ließen.«... »Die weiten Säle (des Schlosses) waren in Schulräume für Knaben und Mädchen verwandelt worden und in einen Kindergarten für die Kleinsten in dieser Gemeinschaft. Ein großer Saal, der auf den – erhaltenen – Wintergarten hinausging, diente als Versammlungsraum und Speisesaal für diejenigen Mitglieder der Gemeinschaft, die lieber gemeinsam aßen, als sich die Speisen aus der Gemeinschaftsküche mit nach Hause zu nehmen. Die oberen Stockwerke dienten

achtet sehr sorgfältig die Welt der Industrie, gegen die er, obwohl Aristokrat, keinerlei Mißtrauen hegt:

»Das war für ihn eine neue Welt, trächtig von neuen Ideen und neuen Anstößen für sein Denken und Fühlen. In dieser noch niemals dagewesenen Verbindung von Kapital und Wissenschaft, die an einem Ort arbeiteten, den die Natur zum geeigneten Schauplatz für diese Unternehmungen gemacht hatte, sah er die Quelle eines Reichtums für alle Nationen, die unserer Zeit vorbehalten worden ist. Und er machte sich klar, daß dieser Reichtum rasch einer Klasse zugute kommen würde, deren Macht das geltende Verfassungssystem nur ungenügend Rechnung trug und deren Pflichten im Sozialsystem ebenfalls ausgespart worden waren.«[5]

als Garderobe, Krankenstationen, Lager für alle Arten von Rohstoffen, von denen es in den weiten Werkstätten die Hülle und Fülle gab, denn diese Gemeinschaft hatte zugleich landwirtschaftlichen und industriellen Charakter. So wurden auch die langen Abende und die wolkenverhangenen Wintertage, an denen Feldarbeit nicht möglich ist, fruchtbringend genutzt.
Die Wohnungen der Mitglieder bestanden, je nach den Bedürfnissen der Familien, aus zwei oder drei Räumen, die alle auf den inneren Garten hinausschauten. Sie waren im Sommer gut zu lüften und im Winter durch die Dampfheizung gut erwärmt... Zahllose Rohre führten genügend Wasser und Gas zu allen Punkten. Kinder und Unverheiratete schliefen nachts in Schlafsälen unter der Aufsicht der Familienväter und Mütter, die sich bei dieser Aufgabe abwechselten. Zum Kochen, Waschen und zu allen übrigen häuslichen Verrichtungen standen besondere Räume zur Verfügung. Die Wohnungen der Mitglieder dienten ausschließlich dem familiären Beisammensein, der Ruhe und dem Schlaf.«
Das Unternehmen wird von einer Genossenschaft von 763 Arbeitern geleitet, die von dem Grafen Duriveau gegründet worden ist. Duriveau ist ein von Gewissensbissen gepeinigter Kapitalist, der auf seine Eigentümer- und Finanzierungsrechte verzichtet hat und für sich lediglich denselben Gewinn wie für die anderen Genossenschaftsmitglieder in Anspruch nimmt. Immerhin bemerkt Sue zu diesem Fall: »Diese Genossenschaft ist nicht nur vom moralischen Standpunkt aus eine bewundernswerte Einrichtung. Sie wäre auch vom Materiellen her gesehen ein vorzügliches Geschäft für ihren Gründer, hätte dieser nicht so hochherzig auf die Rendite verzichtet, die er mit Recht für die von ihm in die Genossenschaft eingebrachten Werte hätte verlangen können. Deshalb haben schon zwei benachbarte Grundbesitzer mit ihren Pächtern und Tagelöhnern eine Gesellschaft für ein landwirtschaftlich-manufakturelles Unternehmen gegründet, zu dem sie die Gebäude beigesteuert haben. So tun sie nicht nur Gutes in großem Maßstab, sondern werden in Zukunft auch ihre Renditen erhöhen.«

[5] B. Disraeli: Coningsby or the Young Generation. London, 1911, S. 130.

Die neue Konzeption der sozialen Beziehungen, die sich aus der Industrie ergeben, werden an Mr. Millbank exemplifiziert. Coningsby besucht am nächsten Tag dessen Fabrik:

»In einem grünen Tal in Lancaster, das an den bereits erwähnten Industriedistrikt angrenzt, fließt ein klarer, reißender Fluß durch ein weites Wiesengelände. An seinem Ufer, dem einige alte Ulmen nicht so sehr Schatten spenden, da sie dafür zu weit voneinander entfernt stehen, als zur Zierde gereichen, erhebt sich ein weitläufiger Bau aus dunkelroten Ziegeln. Obwohl konventionell und eintönig in seinem Gesamteindruck, ist er nicht ohne Schönheit der Proportionen und einiger erlesener Dekore. Die breite Fassade mit zahlreichen Fenstern ist von zwei Flügeln im selben Stil flankiert, die einen weiten Hof bilden. Er wird durch ein leichtes und recht elegantes Gitter auf einem niedrigen Mauersockel abgeschlossen. In der Mitte des Baues liegt der Haupteingang, ein schönes Portal von ungewöhnlicher Form, das von einer den Handel darstellenden Statue gekrönt wird.
Dieses Gebäude, das einer gewissen Würde nicht entbehrt, wird technisch richtig, aber wenig glücklich als Fabrik (mill) bezeichnet und war tatsächlich Oswald Millbanks wichtigste Fabrik. In einiger Entfernung, nicht ganz so nahe am Fluß, standen zwei Bauten im selben Stil. Etwa eine Viertel Meile weiter liegt ein recht ausgedehntes Dorf, das auch durch den klaren und nahezu malerischen Stil seiner Architektur und durch seine üppigen Gärten auffällt. Auf einem kleinen besonnten Hügel im Hintergrund steht eine Kirche im besten christlichen Stil (gemeint ist der gotische), nebst Pfarrhaus und Schule im selben Stil. Zu dem Dorf gehört noch ein weiteres öffentliches Gebäude mit Bibliothek und Lesesaal, den jedermann zu bestimmten Stunden und nach einer vernünftigen Ordnung aufsuchen kann.
Auf der anderen Seite der Fabrik, aber weiter entfernt, ungefähr eine halbe Meile talaufwärts, lag das Haus des Besitzers auf einem baumbestandenen Hügel, von Rasenflächen umgeben. Es war eine bequeme und ansehnliche Villa mit verschiedenen Gärten und Gewächshäusern. Die Atmosphäre dieses eindrucksvollen Komplexes wurde nicht durch schwarzen Rauch getrübt und verunreinigt, der zur Schande von Manchester diese große Stadt immer noch vergiftet. Denn Mr. Millbank, der sich für alle neuen Erfindungen begeisterte, trug Sorge dafür, daß der Rauch seiner Fabrik gefiltert wurde.«[6]

Coningsby besucht Millbank, läßt sich von ihm die Konzeption seiner Siedlung erklären (auch die Arbeiterhäuser sind mit »einem neuen Ventilationssystem« ausgestattet) und von seinen politischen Über-

[6] a. a. O., S. 133–134.

zeugungen erzählen. »Ich bin kein Gleichmacher und erachte eine künstliche Gleichheit für ebenso gefährlich wie einen nur äußerlichen Adel«, sagt Millbank und kritisiert im Namen einer »natürlichen Aristokratie« den Adel seiner Zeit, der seine eigentliche Funktion und seine Pflichten vergessen habe. Zur natürlichen Aristokratie hingegen gehören Menschen, die sich »durch Tugend, Talent, Besitz und, wenn man will, auch durch Geburt und Alteingesessenheit auszeichnen«, die aber vor allem fähig sind, Verantwortung zu tragen und »die öffentliche Meinung zu lenken, das heißt zu regieren«[7].
In Disraelis nächstem Roman »Sybil or the Two Nations« (1845) heißt der aufgeklärte Industrielle Mr. Trafford. Die Erzählung seines Lebens und die Schilderung seiner Fabrik und des Modelldorfes stehen miteinander in engem Zusammenhang, dessen programmatischer Charakter nicht zu übersehen ist:

»Wenige Tage nach seinem morgendlichen Ritt mit Sybil wurde abgemacht, daß Egremont Mr. Traffords Fabrik besuchen solle... Die Fabrik lag etwa eine Meile von ihrer kleinen Villa entfernt, die ebenfalls Mr. Trafford gehörte und von ihm erbaut worden war. Trafford war der jüngste Sohn einer Familie, die sich vor Jahrhunderten in der Gegend niedergelassen hatte. Da ihm aber die trügerische Achtung nicht genügte, mit der die Gesellschaft die jüngeren Mitglieder einer Grundbesitzersfamilie für ihre ererbte Armut zu entschädigen sucht, hatte er einige günstige Gelegenheiten, die sich ihm boten, genutzt und seine Energie neuen Quellen des Reichtums zugewandt, die seinen Vorfahren unbekannt geblieben waren.
Seine Unternehmungen waren anfangs ebenso beschränkt wie sein Vermögen gewesen. Aber mit einem kleinen Kapital, mit dem er freilich keinen großen Gewinn erzielte, hatte er doch Erfahrungen gewonnen. Das vornehme Blut in seinen Adern und seine altenglische Einstellung hatten ihm vom Beginn seiner Karriere an eine korrekte Vorstellung von den Beziehungen eingegeben, die zwischen Arbeitgeber und Arbeitern herrschen sollten. Er empfand, daß zwischen ihnen andere Bindungen als bloß die eines Arbeitsentgeltes bestehen sollten.
Ein entfernter kinderloser Verwandter, der ihn einmal besucht und Gefallen an seiner Energie und seinem Unternehmungsgeist gefunden hatte und von der Darlegung seiner sozialen Ideen ganz ergriffen war, hinterließ ihm eine beträchtliche Summe gerade in dem Augenblick, als sich Trafford große Möglichkeiten für industrielle Investitionen boten. Trafford, der aus seinem widrigen Schicksal gelernt und von Kämpfen und Schwierigkeiten gestählt war, hatte die

---

[7] a. a. O., S. 142.

notwendige Reife, um die günstige Gelegenheit zu erkennen, und griff zu. Er wurde sehr reich und zögerte nicht, die Pläne, von denen er in den vorangehenden Jahren nur geträumt hatte, zu realisieren. Er erbaute an den Ufern der Mowe, an der er geboren war, eine Fabrik, die jetzt zu den Wundern der Gegend, ja man kann sagen zu denen des Landes gehörte. Sie bestand aus einem einzigen riesigen Raum, der sich über fast 8000 Quadratmeter erstreckte und mehr als zweitausend Arbeiter fassen konnte. Die auf Spitzbogen ruhende Dachkonstruktion im 6 Meter Höhe war, um den Raum zu erleuchten, mit Kuppeln versehen, die sich öffnen ließen, und wurde von hohlen Eisensäulen getragen, die zugleich der Ableitung des Regenwassers dienten. Die üblichen Fabrikräume, in denen gearbeitet wird, sind 3 bis 3,50 Meter hoch und liegen übereinander. Dadurch steigen Hitze und Ausdünstungen der unteren Räume in die oberen auf, und die Lüftungsschwierigkeiten sind unüberwindlich. In Mr. Traffords Fabrik gab es eine geniale Ventilationsanlage, die der des Unterhauses glich und die dafür sorgte, daß frische Luft von unten nach oben aufstieg. Dadurch herrschte im ganzen Bau eine gleichmäßige Temperatur, die beinahe unabhängig von äußeren Witterungseinflüssen war. Die physischen Vorteile durch die Konzentration der Arbeit in einem Raum waren bedeutend: die Gesundheit der Leute war besser, Frauen und Kindern blieben gefährliche Zwischenfälle erspart; da man nicht treppauf, treppab laufen mußte, um das Material in die oberen Stockwerke zu befördern, war die Arbeit leichter. Aber auch die moralischen Vorteile waren nicht geringer. Durch die vollkommene Übersehbarkeit des Raumes war eine bessere Aufsicht möglich. Die Kinder arbeiteten unter den Augen ihrer Eltern, die Eltern unter den Augen ihrer Vorgesetzten. Der Betriebsleiter und der Besitzer konnten mit einem Blick alles übersehen.
Wenn Mr. Traffords Arbeiter die Fabrik verließen, blieben sie nicht sich selbst überlassen. Er hatte den Einfluß des Unternehmers auf Gesundheit und Zufriedenheit seiner Arbeiter gründlich durchdacht. Im Bewußtsein, daß häusliche Tugenden vom Vorhandensein einer Häuslichkeit abhängen, hatte eine seiner ersten Bemühungen dem Bau eines Dorfes gegolten, in dem jede Familie eine ordentliche Wohnung erhielt. Obwohl er stolz auf seine Eigenschaft als Prinzipal und Besitzer war, hatte er seine Arbeiter ermutigt, ihre Häuser zu erwerben. Einige hatten genug Geld beiseite gelegt, um das zu tun, und waren nun stolz auf ihr Haus, ihren kleinen Garten und die Gartenbaugesellschaft, die ihnen jedes Jahr Gelegenheit zu einem Wettbewerb für die Erzeugnisse ihres Gartens gab.
In jeder Straße gab es eine öffentliche Einrichtung. Hinter der Fabrik lag die Badeanstalt, die Schule unterstand dem Pfarrer der Kirche, die Mr. Trafford, obwohl römisch-katholisch, gebaut und dotiert hatte.

37 Modelle von Arbeiterwohnungen, die für die Weltausstellung 1851 in London gebaut wurden.

In der Mitte des Dorfes, umgeben von schönen Gärten, die die gärtnerischen Ehrgeize der Gemeinschaft anstachelten, lag Mr. Traffords eigenes Haus. Dieser begriff die Eigentümlichkeit seiner Stellung nämlich zu gut, als daß er sich in billiger Exklusivität von den von ihm abhängigen Menschen zurückgezogen hätte. Gleichwohl erkannte er einen Adel an, den er in neuer Gestalt, unter den veränderten Bedingungen einer neuen Zeit, lebte... Der Umriß der großen Fabrik, die Dächer und Gärten des Dorfes, die Tudor-Kamine von Traffords Haus, der hohe, schlanke Turm der gotischen Kirche, der glitzernde Fluß und dahinter der Wald traten alsbald in Egremonts Blickfeld...«[8]

Zweifellos ergaben sich die ersten Initiativen für einen – von privaten Unternehmern oder vom Staat subventionierten – sozialen Wohnungsbau aus diesem ideologischen Klima oder waren sogar eine unmittelbare Folge der Thesen, die Disraeli 1844 und 1845 dargelegt hatte.

[8] B. Disraeli: Sybil or the Two Nations (1845). London, 1937, S. 183–186.

1845 wurde die erste, von reichen Privatleuten finanzierte Society for Improving the Dwellings of the Labouring Class gegründet, deren Geldgeber auf eine Verzinsung des investierten Kapitals verzichteten, um die Wohnungsmieten niedrig halten zu können. 1846 begannen die Richardsons im irischen Bessbrook mit dem Bau eines Dorfes für ihre Arbeiter. 1851 wurde während der Weltausstellung auf unmittelbare Veranlassung des Prinzen Albert in der Nähe von Hyde Park ein Block von Modellhäusern errichtet. Im selben Jahr wurden die beiden ersten Gesetze über subventionierten Wohnungsbau, die Labouring Classes Lodging House Act und die Common Lodging Houses Act, verabschiedet. Sie waren von Anthony Ashley Cooper, Lord Shaftesbury (1801–1885), eingebracht worden, der zusammen mit Disraeli Mitglied der Gruppe Young England gewesen war. 1853 begann Titus Salt mit dem Bau des Modelldorfes Saltaire, das Disraelis Schilderungen in die Wirklichkeit umsetzt und nach Aussage von C. Stewart[9] tatsächlich von der Lektüre von »Sybil or the Two Nations« beeinflußt war. Im selben Jahr wurde der Ort Bromborough für die Arbeiter der Kerzenfabrik Price gegründet. Einen originalen Beitrag zur Verbesserung der Arbeiterwohnungen lieferte Montague William Lowry-Corry, der von 1866 an Disrealis Privatsekretär gewesen war und sich 1880 mit dem Titel Lord Rowton aus der aktiven Politik zurückzog. Er widmete die letzten Jahre seines Lebens dem Studium des sozialen Wohnungsbaus und schuf einen Wohnungstyp, die Rowton houses, in dem jede Person ihr eigenes Schlafzimmer hatte. Wohnungen dieser Art wurden 1892 zum ersten Mal in Vauxhall gebaut und hatten so viel Erfolg, daß bald darauf die Rowton Houses Limited gegründet wurde.

Die politische Deutung dieser Unternehmungen läßt keinen Zweifel zu. Nach der großen Kraftprobe von 1842 hatte sich der Chartismus, sei es durch die Fehler O'Connors[10], sei es durch die Prosperität, die auf die Abschaffung des Getreidezolls 1846 folgte, allmählich erschöpft. Aber die Volksdemonstrationen 1842 und 1848 hatten den Druck, der vom Volk und seinen unerträglichen Lebensbedingungen auf die Institutionen ausging, immer deutlicher werden lassen. Reformen schienen darum die einzige Alternative zu einer weiteren

---

[9] C. Stewart: A Prospect of Cities. London, 1952, S. 153. Das 8. Kapitel enthält S. 167 eine ausführliche Beschreibung von Saltaire nebst Bibliographie.

[10] Feagus O'Connor (1794–1855), Führer der Chartistenbewegung, gründete auch eine Gesellschaft zum Bau von Arbeiterdörfern mit Kleinsthäusern, von denen eines, O'Connorville, 1845 in der Nähe von Herringsgate gebaut wurde.

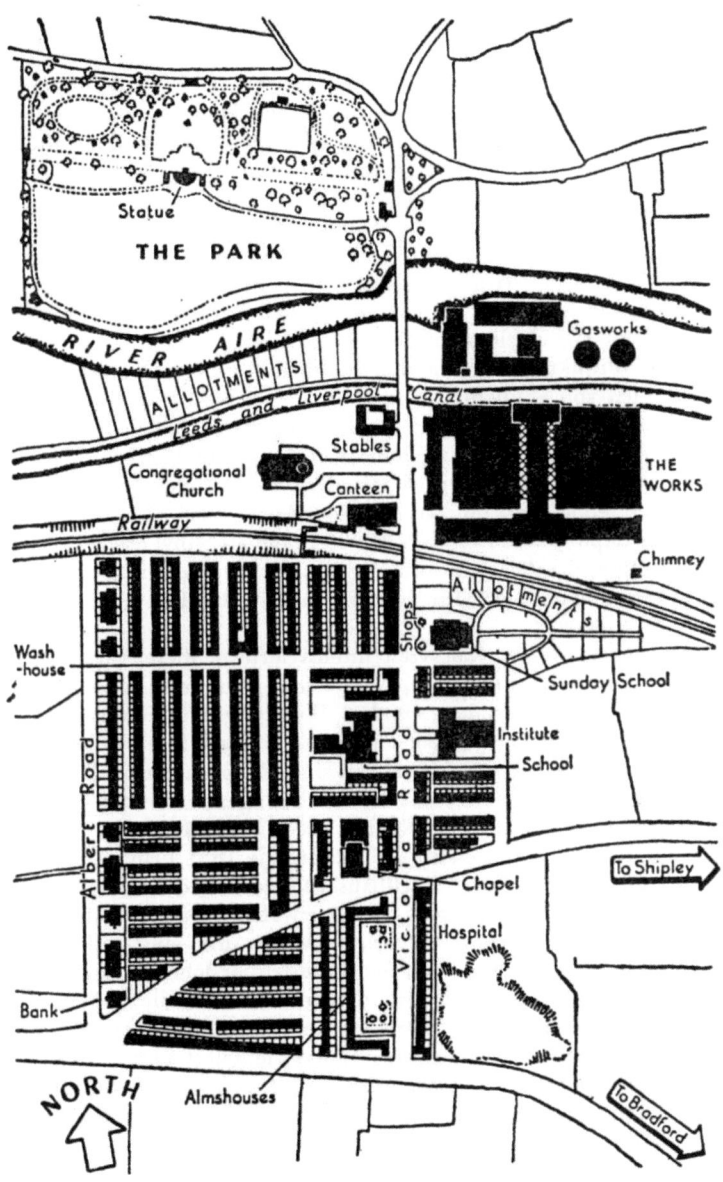

38 Plan der von Titus Salt 1851 gegründeten Siedlung Saltaire (aus C. Stewart: A Prospect of Cities)

Zuspitzung der sozialen Konflikte. Diese Absichten wurden oft in aller Unschuld zugegeben. So beklagt der Bericht der Health of Town Commission 1846 in Bradford – wo Titus Salt 1845 Stadtkommandant und 1848 Bürgermeister wurde – das Fehlen öffentlicher Parkanlagen, denn »wenn die unteren Stände keine Gelegenheit zum Sport und zur Beschäftigung ihrer Gedanken mit derartigen Gegenständen haben, müssen sie ja zu Chartisten werden«[11].

Die Gesetze über den sozialen Wohnungsbau gehören zu der zweiten Welle von Reformen, die Lord Shaftesbury in großem Maßstab betrieb. In gewisser Hinsicht setzten sie die von den Whigs in den dreißiger Jahren durchgeführten Reformen fort, sind aber von einem neuen konterrevolutionären Geist erfüllt.

Auch in Frankreich gehen die Stadtplanungsversuche im Zweiten Kaiserreich von ähnlichen politischen Sorgen aus. Napoleon III., der in England erzogen worden war, kannte die diesbezüglichen englischen Unternehmungen im vorangehenden Jahrzehnt und ließ das Werk von Henry Roberts unter dem Titel »Des Habitations des Classes ouvrières«[12] 1850 ins Französische übersetzen. Noch als Präsident der Zweiten Republik ließ er 1849 50000 Franc als Subvention für Leute bereitstellen, die Arbeiterwohnungen bauen wollten, und finanzierte selbst einen Wohnblock für 500 Personen in der Rue Rochechouart, die Cité Napoléon.

In den Jahren seiner Kaiserzeit intensivierte er diese Tätigkeit und ließ 1852 – nach Einziehung des Vermögens der Orléans – zehn Millionen Francs für den sozialen Wohnungsbau bereitstellen. In Paris ließ er die Cité Napoléon erweitern und zwei weitere Baukomplexe errichten: den einen mit 311 Wohnungen in Batignolles (1856–1857), den anderen mit 120 Wohnungen, der einer Genossenschaft geschenkt wurde, in Neuilly (1867). Anläßlich der Weltausstellung 1867 kümmerte sich der Kaiser, wie 1851 Prinz Albert, persönlich um den Bau von Modellhäusern in der Avenue Rapp, stiftete eine Medaille für die besten Arbeiterwohnungen, die die Société Coopérative Immobilière de Paris gewann, und eine Reihe hoher Geldpreise für die besten von der Industrie errichteten Bauten, »in denen die größte soziale Harmonie herrscht und die Arbeiter sich wirklich wohl fühlen[13]. Eine Gruppe Pariser Arbeiter stellte »la maison des ouvriers de Paris« vor, das sie selbst ohne Hilfe eines Architekten oder eines Bauunternehmers gebaut hatten, und erhielten dafür einen Zuschuß des Kaisers von 20000 Francs[14].

---

[11] Zitiert in C. Stewart. a. a. O., S. 162.
[12] G. N. Lameyre: Haussmann, Préfet de Paris. Paris 1958, S. 163.
[13] a. a. O., S. 163.
[14] a. a. O., S. 162.

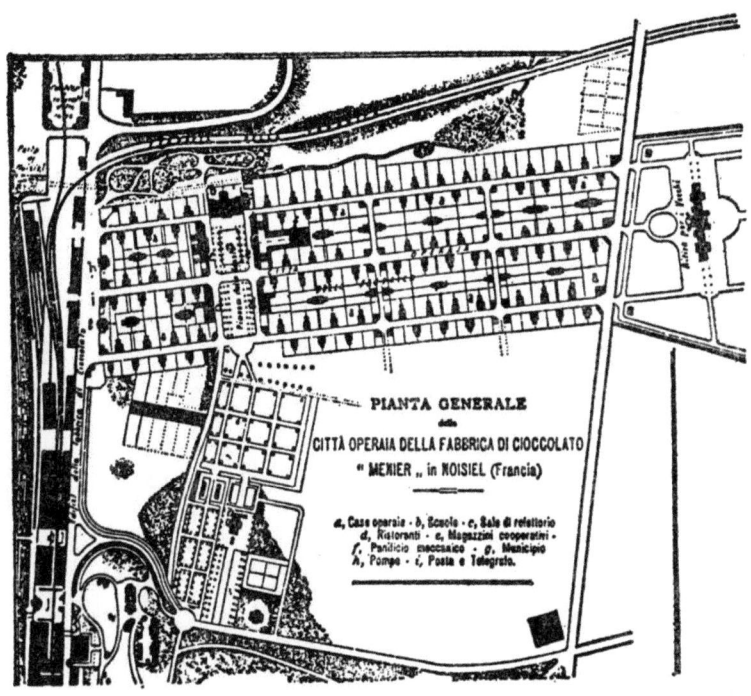

39 Die Arbeitersiedlung Menier in Noisel sur Marne (1864). a Arbeiterhäuser; b Schulen; e Genossenschaftsläden; f Brotfabrik; g Rathaus; h Feuerwehr; o Postamt

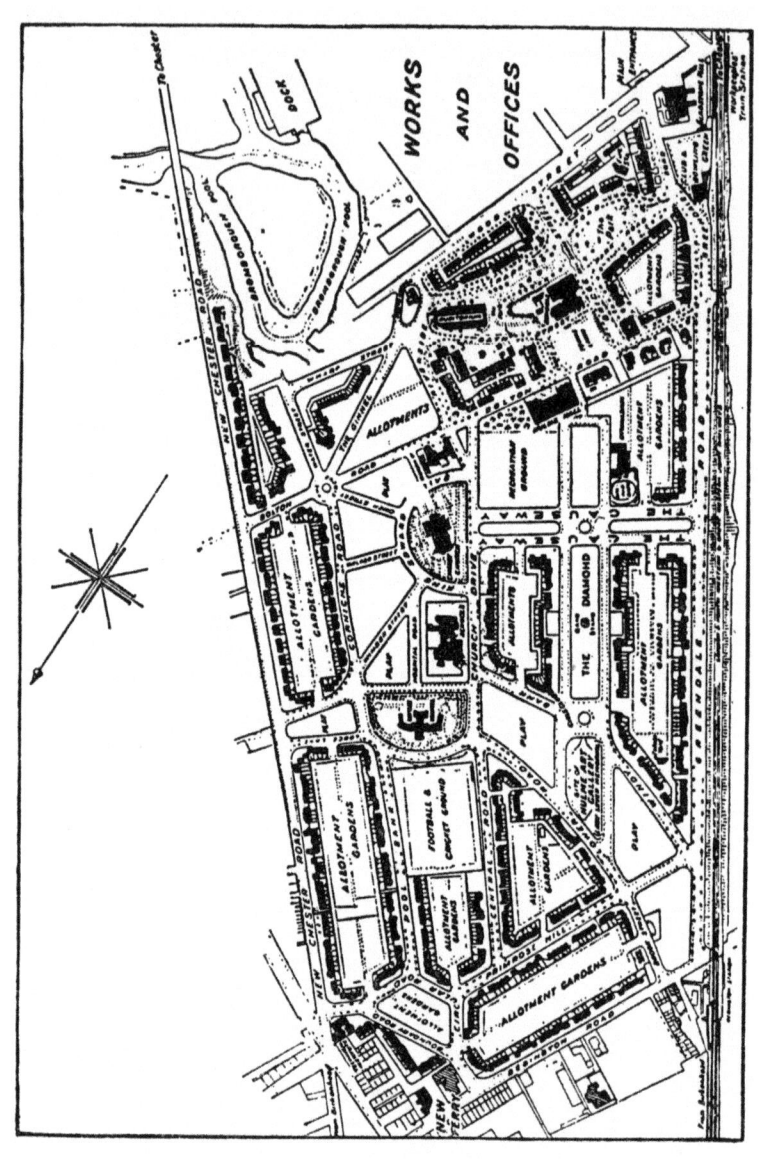

40 Plan der von W. H. Lever 1887 gegründeten Stadt Port Sunlight (aus A. Whittick: Modern Architecture)

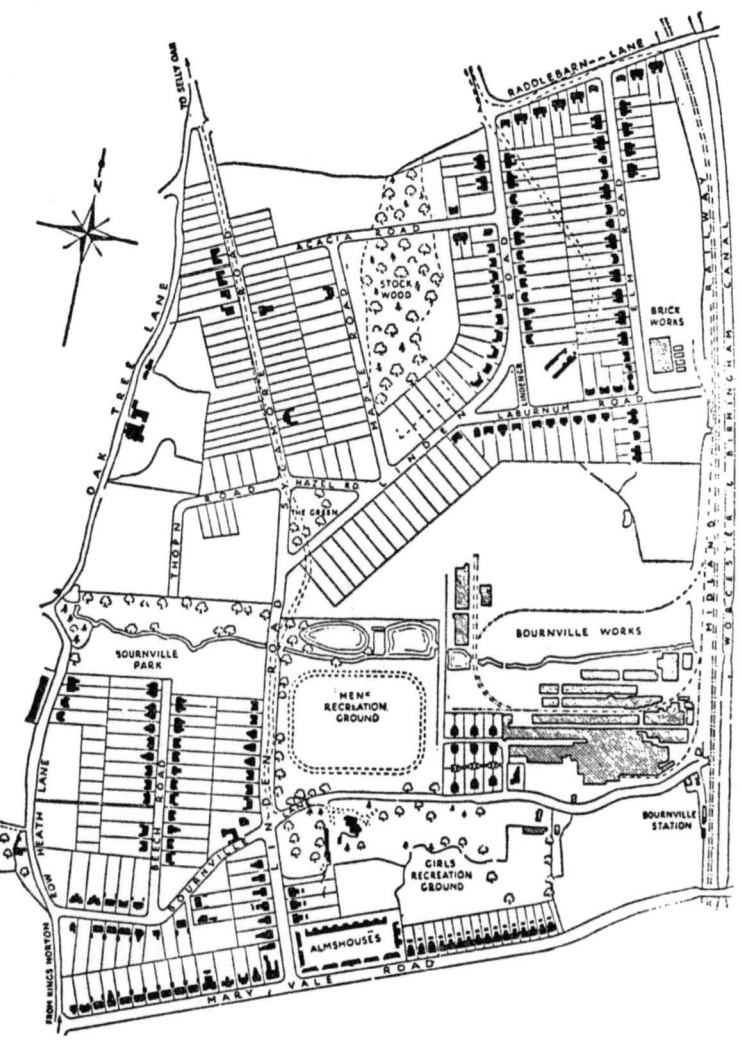

41 Plan von G. Cadburys Gründung Bournville 1895 (aus P. L. Giordani: L'idea della città-giardino)

42 Florenz, Stadterweiterungsplan von G Poggi 1864–72 mit dem 1885–95 vorgenommenen Durchbruch für den Mercato Vecchio. Schraffierte Flächen sind Grünzonen.

43 Arbeiterhäuser auf der Weltausstellung 1867 in Paris

Aber die Privatindustrie folgte nur zum geringsten Teil dem kaiserlichen Beispiel und fuhr fort, rings um Paris die abscheulichen Behausungen zu bauen, in denen die von auswärts zugezogene oder durch Haussmanns Arbeiten aus dem Stadtzentrum vertriebene Bevölkerung wohnte. Felix Mornand erzählt, daß 1854 ein Weinhändler in Nonceau unmittelbar außerhalb der Zollgrenze »vierzig Gipshütten mit einer Grundfläche von 5 mal 5 Fuß errichten ließ. Sie haben keine Fenster – Licht dringt nur durch die Tür ein, die deshalb ständig offenstehen muß – sind ohne Kamine und mit Dächern aus Wellpappe gedeckt. Er vermietet jede Wohnung für wöchentlich 2 oder 2,50 Francs, die am Sonntag gezahlt werden müssen, und verschafft sich damit eine Rendite von beinahe 4000 Francs im Jahr.« Derartige Hütten entstanden überall rings um die Stadtzollgrenze, »und schätzungsweise wohnen mehrere Tausend der arbeitsamsten

44 Französische Arbeiterhäuser der Compagnie Anzim (aus Godin)

und vielleicht intelligentesten Bevölkerung der Welt auf diese Art«.[15]
Einige gewissenhaftere Unternehmer versuchten den Standard dieser Wohnungen zu heben. Zu ihnen gehörte Puteaux, der einen einstöckigen Haustyp entwarf. Diese Häuser kosteten 2150 Franc und konnten in Raten von je 200 Francs jährlich innerhalb von 15 Jahren erworben werden. Ein anderer Unternehmer, Chauvelot, parzellierte ein Grundstück am Stadtrand von Paris für »sparsame Arbeiter, und Handwerker Angestellte, um sie an Besitz zu gewöhnen, der die Quelle der Liebe und der Ordnung ist«[16]. Aktiv in diesem Sinn waren auch einige genossenschaftliche Unternehmungen wie die Ver-

[15] F. Mornand: La vie à Paris, 1855. G. Lameyre: a. a. O., S. 168.
[16] a. a. O., S. 152.

45 *Arbeiterhäuser der Société mulhousienne des Cités ouvrières (aus Godin)*

sicherungsgesellschaft in Vincennes, die 1855 das Dorf »La Sablière« und die Société de Coopération appliquée au Logement gründete, die von 1866 an zweistöckige Häuser für 3000 Francs baute.

Die wichtigste Initiative während des Zweiten Kaiserreiches aber war die Société mulhousienne des Cités ouvrières, die 1853 gegründet und sowohl durch private Ersparnisse wie durch den Staat, der die Kosten für den Bau von Straßen und Grünanlagen übernahm, finanziert wurde. Bis 1867 wurden von ihr mehr als tausend Wohnungen in teils ein-, teils zweistöckigen Häusern gebaut. Diese Wohnungen waren sehr klein, wurden ihren Bewohnern aber zu günstigen Miet- oder Kaufpreisen überlassen. Die üblichen Bedingungen waren eine Anzahlung von 250 oder 300 Franc und während fünfzehn Jahren Monatsraten von 18 oder 20 Franc. Eine Häusergruppe wurde bei der Weltausstellung 1867 gezeigt und errang einen großen Erfolg.

46 Arbeiterhäuser in Grand-Hornu, Belgien (aus Godin)

In einem Bericht der Société Industrielle de Mulhouse heißt es: »Bei der Entscheidung für den Plan, den wir Ihnen heute vorlegen, wurden wir vor allem von dem Wunsch, der uns mit Ihnen verbindet, geleitet, die Lebensbedingungen der Arbeiter in Stadt und Land gründlich zu verbessern. Denn der Haustyp, den wir Ihnen vorlegen, ist sowohl für städtische wie für ländliche Siedlungen verwendbar... Die Hausgemeinschaft und die Sauberkeit haben auf die Moral und das Wohlbefinden einer Familie einen größeren Einfluß, als man auf den ersten Blick annehmen möchte. Wer beim Betreten seiner Wohnung Elend, Unordnung und Schmutz vorfindet und dort eine ekelerregende, ungesunde Luft einatmet, kann sich nicht wohl fühlen und ist froh, das Haus wieder zu verlassen und den größten Teil seiner freien Zeit in der Kneipe zu verbringen. So wird ihm sein Heim fremd, und er nimmt rasch schlechte und verschwenderische

Gewohnheiten an, die seiner Familie zum Schaden gereichen und sie fast immer in Not bringen.
Für diese Menschen wollen wir saubere, anziehende Häuser und kleine Gärten schaffen, die ihnen eine angenehme und nützliche Beschäftigung bieten. Durch die Fürsorge für ihre kleine Ernte lernen sie dabei den Besitzinstinkt, den die Vorsehung uns allen eingepflanzt hat, im richtigen Maße schätzen. Werden wir damit nicht eines der wichtigsten Probleme der Sozialökonomie zur Zufriedenheit lösen? Werden wir nicht dazu beitragen, die heiligen Bande der Familie zu festigen, und der Arbeiterklasse, die unseres Interesses würdig ist, aber auch der ganzen Gesellschaft einen großen Dienst erweisen?«[17]

Auch in anderen europäischen Ländern wurde mit zunehmender Industrialisierung ähnliches unternommen. In Belgien hatte der Industrielle M. Degorge seit 1825 begonnen, das Dorf Grand-Hornu zu bauen. In Deutschland legte Krupp zwischen 1863 und 1875 in der Umgebung von Essen die ersten Arbeiterkolonien an (Westend, Nordhof, Baumhof, Kronenberg). In Italien erinnert man sich an ein Modelldorf, das von der Industriellenfamilie Poma aus Biella in der Val d'Andorno gegründet worden war.
Auch die Umgestaltung der großen Städte – Paris, Lyon, Brüssel, Wien, Barcelona, Florenz – von der Mitte des Jahrhunderts an gehört in diesen politischen und ideologischen Rahmen. Die Idee eines einheitlichen Planes für eine ganze Stadt setzt das Vorhandensein eines Idealmodells voraus, das sich von der Realität grundlegend unterscheidet. Tatsächlich liebäugelt man in diesen Jahren wieder mit geometrischen Stadtplänen, die um so regelmäßiger und einförmiger sind, je formloser und unregelmäßiger die existierenden Städte sind. Hygeia, die von Benjamin W. Richardson (1828–1896) ersonnene Stadt[18], und Victoria, eine Idee von John S. Buckingham (1786–1855)[19],

---

[17] Zitiert in J. B. A. Godin: Solutions sociales. Für Mülhausen vgl. F. Engels, a. a. O., S. 194.
[18] Vgl. C. Stewart, a. a. O., S. 169.
[19] J. S. Buckingham: National Evils and Practical Remedies. Vgl. C. Stewart, a. a. O., S. 168–172. Buckingham faßt seine Absichten mit Victoria folgendermaßen zusammen: »Das Hauptziel war die Vereinigung eines Höchstmaßes an Ordnung, Geräumigkeit und Hygiene durch viel Licht und Luft und ein möglichst perfektes Kanalisationssystem mit einem allen Klassen entsprechenden Komfort... Jeder Stadtteil sollte im Schutz vor Sonne und Regen so bequem wie möglich zu erreichen sein. Zu den öffentlichen Gebäuden führen durch breite Avenuen aus allen Stadtteilen direkte Verbindungen. Zu alledem sollen weite Grünanlagen, Gärten mit Blumen und sehr viel Wasser hinzukommen.« (vgl. T. Sharp: English Panorama. London, 1950, S. 73–74).

gleichen den Idealstädten der Renaissance nicht so sehr, weil sie unmittelbar von ihnen abgeleitet wären, sondern weil sie dem gleichen Wunsch nach Ordnung an Stelle der bisherigen ungeordneten Umgebung entspringen. Von demselben Schematismus sind auch die ersten englischen Planungen und die Bautätigkeit by law, die auf ihnen fußt.
Buckingham veröffentlicht seine Utopie 1849 und legt seinen Plan als ein Modell vor, das zur Bekämpfung der Arbeitslosigkeit serienweise zu wiederholen sei. Victoria ist die erste dieser Städte und besteht aus sieben konzentrischen Baugruppen für die Arbeiterwohnungen, die Werkstätten, die Künstlerhäuser, die Geschäfte, die Häuser der freiberuflich Tätigen, die Gemeinschaftseinrichtungen und die Häuser der Wohlhabenden. In der Stadtmitte befinden sich die öffentlichen Gebäude, die Häuser »der Regierungsmitglieder und der reichsten Kapitalisten« und ein großer Platz mit einem 91,5 Meter hohen Leuchtturm, der die ganze Stadt erleuchtet.
In gewisser Hinsicht ähnelt Buckinghams Plan dem von Owen. Die Stadt wird als ein Mittel gegen die Arbeitslosigkeit empfohlen, sie ist serienweise zu wiederholen, hat einen viereckigen Grundriß und ist mit den modernsten hygienischen Einrichtungen ausgestattet. Sowohl Buckingham wie Richardson legen großen Wert auf die gesundheitsfördernden Errungenschaften ihrer Projekte, angefangen von Luft, Licht und Wasser bis zu den abwaschbaren Wandverkleidungen und den gebohnerten Fußböden, »von denen heilsame Ozondämpfe aufsteigen«[20]. Die Industriebauten und lästige Dienstleistungsbetriebe sind klüglich in weitere Entfernung verbannt. Der grundsätzliche Unterschied zwischen den beiden Plänen beruht darauf, daß Buckingham Owens geometrische und technische Vorstellungen übernimmt, aber seine wirtschaftlichen und politischen Ideen fallenläßt. Auf diese Weise wurde der Beitrag der sozialistischen Theoretiker für den Konservatismus der fünfziger Jahre verfügbar[21].
Von Napoleon III. berichtet Arsène Houssaye, er habe eines Tages in Saint-Cloud in Anwesenheit zahlreicher Gäste erzählt, während seines Exils in New York habe er einmal in einer Gastwirtschaft neben einem armen Teufel gesessen, »der eine riesige Papierrolle auf dem Tisch aufgerollt habe. Auf diesem Papier sei der Plan einer Stadt von 20000 Einwohnern mit Kirchen, Brunnen, Plätzen und Denkmälern

---

[20] C. Stewart, a. a. O., S. 168.
[21] Es wäre interessant, die Nutzung solcher theoretischen Konzeptionen für den Städtebau in den englischen Kolonien, vor allem in der zweiten Hälfte des 19. Jahrhunderts, zu untersuchen. Als Ausgangspunkt könnte das Buch von E. G. Wakefield, Art of Colonization, London, 1849, dienen, das Howard im 10. Kapitel von »Tomorrow« zitiert.

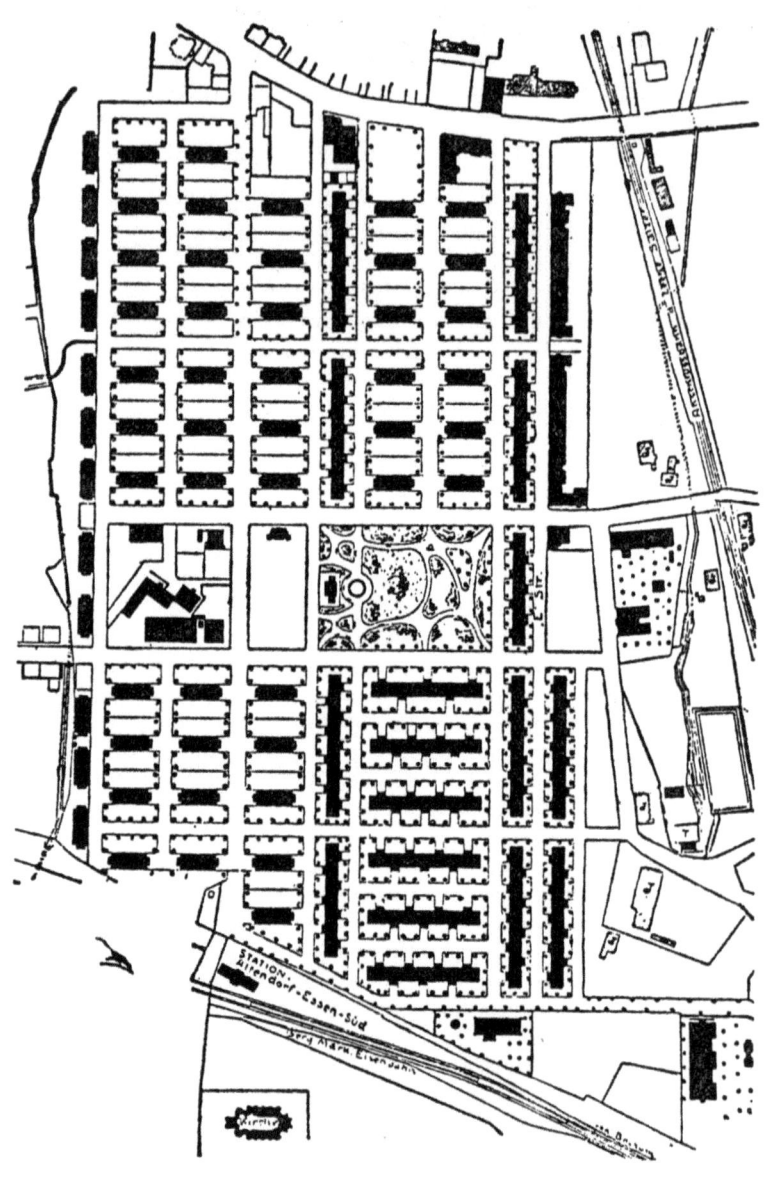

47 Plan der 1873 von Krupp gegründeten Arbeitersiedlung Kronenberg bei Essen (aus B. Zevi: Storia dell'Architettura moderna)

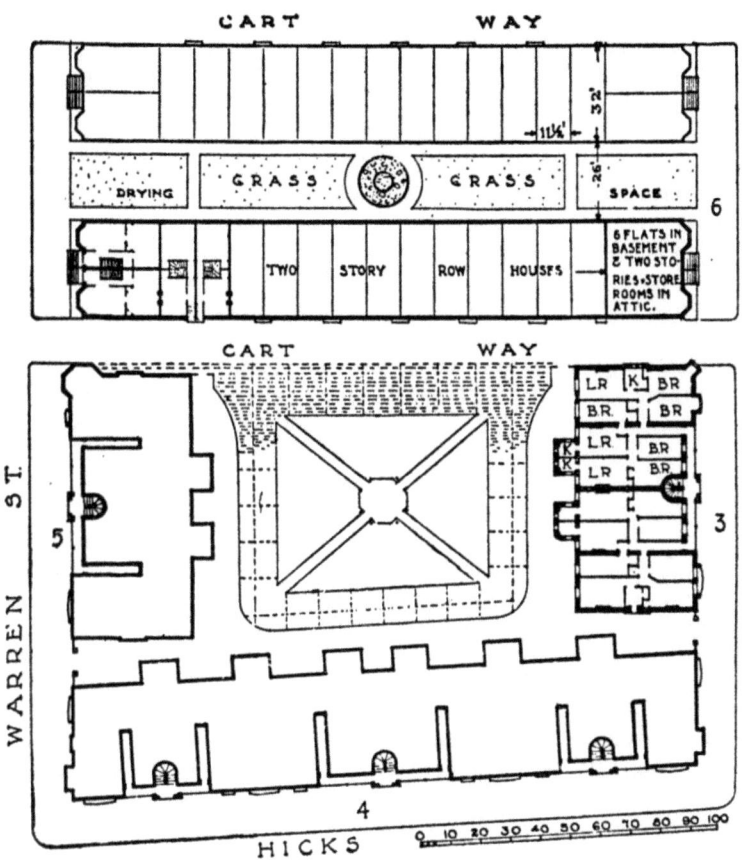

48 Die ersten von A. T. White entworfenen Arbeiterhäuser in Brooklyn 1878
(aus C. Gray: Housing and Citizenship)

und selbstverständlich mit einer Börse zu sehen gewesen... Eine richtige Zukunftsstadt, wie wir sie eines Tages auch in Frankreich haben werden... Dann wird man nicht mehr Haus für Haus bauen, sondern alles wird am selben Tag angefangen und zur selben Stunde beendet... Was ich Ihnen da erzähle«, sei Napoleon fortgefahren, »klingt wie ein Märchen. Aber mein Tischnachbar meinte es ernst. Er hatte Verhandlungen über Grundstücke und Kontakte mit Bauunternehmern aufgenommen. Mit seinen Verträgen war er bei Banken gewesen, die darin ebenso eine Chance für sich sahen wie mein Tischnachbar für sich selbst... An diesem Tag habe ich mir geschworen, bei meiner Rückkehr nach Paris – an der ich nie gezweifelt habe – wolle ich aus unserer Hauptstadt die Hauptstadt der Welt machen, womit ich ja mit Gottes Hilfe bereits begonnen habe.«[22]
Vollständig verwirklicht hat eine derartige Zeichnung Georges Eugène Baron Haussmann, der es als Präfekt des Seine-Départements in den Jahren 1853–1869 gewohnt war, technische und administrative Ziele nicht mit politischen Zielen zu vermengen. Haussmanns persönliche Ansichten waren durchaus konservativer Natur. Als er 1850 die Präfektur des Départements Var verließ, faßte er seine politischen Intentionen folgendermaßen zusammen: »Alle dem Wohl des Vaterlandes und den bedeutenden Interessen, auf denen die Gesellschaft beruht, vorbehaltlos ergebenen Menschen unter dem Mantel von Ordnung und Gesetz vereinigen, um zu einer Aussöhnung aller ehrlichen und nicht von persönlichen Interessen geleiteten Meinungen beizutragen«[23].
Kurz darauf schrieb er in seinem ersten Rundbrief an die Beamten der Präfektur des Départements Yonne: »Als vor zwei Jahren in der Verwirrung, die eine aus den Tiefen hervorbrechende und unerwartete Revolution hervorgerufen hatte, alle Grundsätze, auf denen die Gesellschaft beruht, gleichzeitig in Frage gestellt wurden, hat sich dieses Département fast einhellig dem Erben eines Namens zugewandt, der die Erinnerungen an eine glorreiche Kaiserzeit wiedererweckte, aber auch die an eine Epoche, in der Frankreich nach dem revolutionären Sturm im Schatten einer Volksherrschaft zur Autorität der Gesetze, zum Respekt vor der Obrigkeit und zur Ehrfurcht vor allem Heiligen zurückkehrte und sich wie durch ein Wunder Sicherheit, Vertrauen und allgemeiner Wohlstand wieder verbreiteten.«[24]
Und 1851 äußert Haussmann nach seiner Ernennung zum Präfekten des Départements Gironde in einem bezeichnenden Crescendo: »Wer sich gegen die Ordnung stellt, hat von mir keine Nachsicht zu er-

---

[22] A. Houssaye: Les confessions – souvenirs d'un demi-siècle, 1830–1880. Paris 1885, zit. in G. Lameyre, a. a. O., S. 92.
[23] a. a. O., S. 19.
[24] a. a. O., S. 20.

49 Stadtplan von Victoria (J. S. Buckingham, 1849)

warten.«[25] So ist es nur natürlich, daß er den zukünftigen Napoleon III. sofort und vorbehaltlos unterstützte und ihm bis zum Sturz des Kaiserreichs treu blieb. Durch den Rückhalt, den er beim Kaiser fand, konnte er es immer vermeiden, seine Maßnahmen politisch begründen zu müssen, sondern stellte sie immer als rein technische und administrative Vorkehrungen hin, die aus objektiven Notwendigkeiten her-

[25] a. a. O., S. 24.

vorgingen. Diese Berufung auf die Objektivität ist manchmal ein taktischer Vorwand, oft beruht sie aber auf der tiefinnerlichen Überzeugung, daß stadtplanerische Maßnahmen sich tatsächlich auf technische und administrative Berechnungen zurückführen lassen. Er geht sogar so weit, diese Überzeugung theoretisch zu untermauern, wenn er behauptet, daß »in Frankreich eine richtig erklärte Handlungsweise immer eine gebilligte Handlungsweise«[26] ist, und so Descartes' Theorie, daß klare und deutliche Ideen notwendigerweise Zustimmung finden müssen, auf seine Art auf den Verwaltungsbereich überträgt.

So stellt Haussmann den Prototyp des Stadtplaners dar, der nur noch ein reiner Fachmann ist und alle Verantwortung auf die vorausgehenden Entscheidungen abwälzt und damit die Stadtplanung verfügbar für die neue herrschende Klasse macht. Andererseits beruhen aber die modernen und positiven Seiten seiner Arbeit auf dem Stück Unabhängigkeit, das er sich gerade als reiner Verwaltungsmann den anderen Staatsorganen gegenüber zubilligte. Die einheitliche Leitung der gesamten öffentlichen Arbeiten in der Hauptstadt, ihre Finanzierung nicht durch verlorene Steuergelder, sondern durch Anleihen, deren Garantie die zukünftige Produktivität der ausgeführten Arbeiten war, und die gleichzeitig mit den städtebaulichen Veränderungen vorgenommene Reform der Verwaltungsdistrikte sind Ergebnisse, die Haussmann nur in hartem Kampf gegen andere Verwaltungssektoren und gegen die politische Kontrolle, der er unterstand, durchsetzte. Am bezeichnendsten für diese Tatsache ist der Konflikt, der aus der verschiedenartigen Interpretation des im vorigen Kapitel erwähnten Gesetzes vom 13. April 1850 über die Sanierung ungesunder Wohnungen zwischen Haussmann und dem Staatsrat entstand.

Wie bereits erwähnt, gestattet der Art. 13 eine Enteignung des gesamten Besitzes, in dessen Umkreis die Sanierungsarbeiten vorgenommen werden müssen. Haussmann neigte dazu, dieses Gesetz so zu

---

[26] Aus der Rede Haussmanns vor dem Pariser Stadtrat am 14. November 1859, a. a. O., S. 118.

50 Schema von Haussmanns grands travaux in Paris. Die dicken schwarzen Linien bezeichnen die Straßendurchbrüche in alten Vierteln, die dünnen Linien die Straßen am Stadtrand auf unbebautem Gelände. Flächen mit dichter Schraffierung sind neue Stadtviertel, Flächen mit dünner Schraffierung öffentliche Parkanlagen. Die neue Verwaltungsgrenze der Stadt stimmt mit den Festungsanlagen von Thiers überein, aber die Bebauung frißt sich an den Hauptausfallstraßen schon weiter ins Land hinaus.

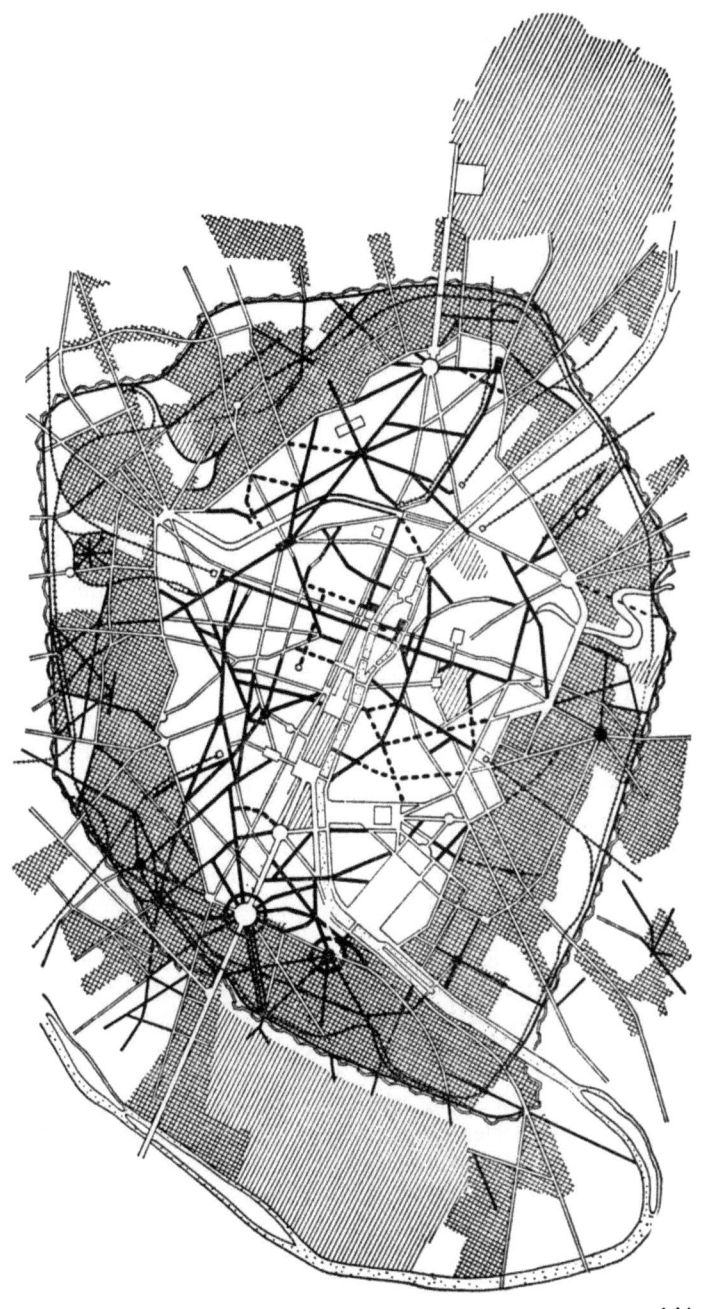

interpretieren, daß die enteigneten und durch die ausgeführten Arbeiten aufgewerteten Baugrundstücke in öffentlichem Besitz bleiben sollten und zu ihrem neuen Marktpreis verkauft werden könnten. Der Staatsrat hingegen beschloß am 27. September 1858, daß nur die Straßen im Besitz der Stadt bleiben sollten und die Baugrundstücke selbst ihren früheren Besitzern zurückzugeben seien.

»Das neue Dekret, das von dieser erlauchten Versammlung motu proprio beschlossen worden war, stellte nicht nur die der Stadt bereits erteilte kostbare Vollmacht in Frage, auch Grundstücke zu enteignen, die abseits der neuen Straßenzüge lagen, aber für die Errichtung zweckmäßiger, gesunder Häuser notwendig waren. Es gab den Eigentümern der betreffenden Grundstücke auch das Recht, den Grund und Boden, der nicht für Straßen bestimmt war, zu behalten, nachdem die Stadt den vollen Wert für die Bauten bezahlt hatte, die vorher auf diesem Grund und Boden standen, und zusätzlich eine Abfindung an die Mieter, die in ihnen gewohnt hatten. So sicherte man den Enteigneten unentgeltlich den Gewinn aus dem Mehrwert, den die Grundstücke dadurch erhalten hatten, daß sie, dank der Stadt, nun an einer breiten und schönen Straße lagen und gewinnbringend genutzt werden konnten. Die Stadt aber wurde der Möglichkeit beraubt, durch den Verkauf der Grundstücke zu einem vorteilhaften Preis wenigstens einen Teil der von ihr aufgewandten Kosten erstattet zu bekommen.«[27]

Haussmann ahnt hier bereits etwas von den grundsätzlichen Problemen der modernen Stadtplanung – dabei hatte er, das sollte man nicht vergessen, die liberale Opposition gegen sich, die gemeinsam mit Jules Ferry »ein von unseren Gesetzen durchweg anerkanntes Recht«[28] verteidigte – und stellt sich gegen die politische Logik eines Regimes, dem er persönlich vorbehaltlos anhing. Aber sein Widerspruch bleibt schwach und ergebnislos, weil er die Rechte einer administrativen Abstraktion (»der Stadt«), und nicht die Rechte der Bürgerschaft verteidigte. Darauf beruht der Grundwiderspruch in Haussmanns Unternehmen, für den auch spätere städtebauliche Entwicklungen keine Lösung bringen. Die politische Linke hat es an der Erkenntnis dieses Widerspruchs fehlen lassen und hat darum versäumt, hier den Hebel anzusetzen, um in einem konkreten Bereich den potentiellen Neuerungscharakter vieler zeitgenössischer Stadtplanungen von der konservativen Hypothek zu unterscheiden, die zweifellos auf den meisten von ihnen liegt. Bezeichnend dafür ist die Artikelserie von Engels mit

---

[27] G. E. Haussmann: Mémoires. Paris 1890. Bd. II., S. 310–311.
[28] J. Ferry, Comptes fantastiques d'Haussmann. Paris 1868, S. 23.

der Polemik gegen Mülberger, die 1872 im Leipziger »Volksstaat« und später unter dem Titel »Zur Wohnungsfrage« als Broschüre erschien. Mülberger legte die Theorien von Pierre-Joseph Proudhon und Dr. Emile Sax dar und beschrieb die Erfahrungen mit den französischen cités ouvrières und den von Arbeitgebern und Baugesellschaften erbauten englischen Dörfern, die er der gerade entstehenden deutschen Großindustrie als Beispiele empfahl. In seinen Repliken erklärte Engels, ein Haus, das der Arbeiter vom Unternehmer oder vom Staat geschenkt bekomme oder das er mit seinen Ersparnissen erwerbe, befreie ihn nicht von der kapitalistischen Ausbeutung, sondern erlaube dem Kapitalisten zusätzlich, den Lohn um den Betrag der nicht gezahlten Miete herabzusetzen. Außerdem mindere es die Freizügigkeit des Arbeiters und nehme ihm damit die Möglichkeit, sich den Bedingungen des Arbeitgebers zu entziehen. Im übrigen schafften philanthropische Bemühungen um eine Verbesserung der Wohnungen Slums und heruntergekommene Viertel nicht ab, deren Entstehung zwangsläufig mit der kapitalistischen Produktion verbunden sei, sondern verlagere sie lediglich in andere Gegenden.

Die Kritik von Engels beruht hauptsächlich auf der zeitgenössischen Situation in Deutschland. Die deutsche Industrie tat damals ihre ersten Schritte und konnte der französischen und englischen Konkurrenz nur dadurch standhalten, daß sie die Produktionskosten möglichst niedrig hielt. Das war nur möglich, weil die Arbeiter zum größten Teil auf dem Lande oder in den Stadtrandsiedlungen lebten, wo sie Haus und Garten besaßen, der für ihren Lebensunterhalt zwar nicht genügte, aber ausreichte, um mit den niedrigen Industrielöhnen leben zu können.

»Was die Familie auf ihrem eigenen Gärtchen und Feldchen erarbeitet, das erlaubt die Konkurrenz dem Kapitalisten vom Preis der Arbeitskraft abzuziehen; die Arbeiter müssen eben jeden Akkordlohn nehmen, weil sie sonst gar nichts erhalten und vom Produkt ihres Landbaus allein nicht leben können; und weil andrerseits eben dieser Landbau und Grundbesitz sie an den Ort fesselt, sie hindert, sich nach anderer Beschäftigung umzusehen. Und hierin liegt der Grund, der Deutschland in einer ganzen Reihe von kleinen Artikeln auf dem Weltmarkt konkurrenzfähig erhält. Man schlägt den ganzen Kapitalprofit heraus aus einem Abzug vom normalen Arbeitslohn und kann den ganzen Mehrwert dem Käufer schenken.«[29]

Diese Überlegung genügt Engels, um die bisher unternommenen städtebaulichen Experimente rundweg abzulehnen, ja auf ihre Dis-

---

[29] F. Engels: Zur Wohnungsfrage, a. a. O., S. 234.

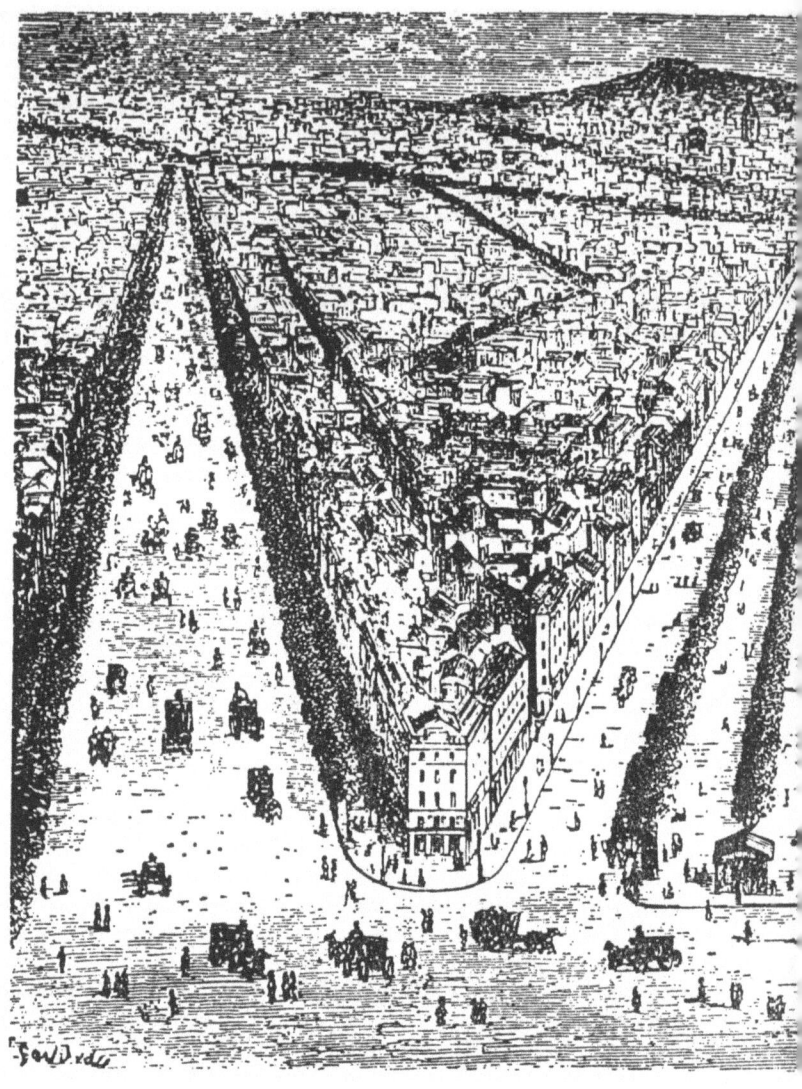

51 Paris, Blick auf die Stadt der Achse des Boulevard Richard Lenoir entlang
(aus S. Giedion: Raum, Zeit, Architektur. Ravensburg, 1965)

52 Paris, der heutige Ballungsraum (aus P. George: Les Villes). Gepunktete und schraffierte Flächen sind Wohngegenden, sich kreuzende Schraffuren bezeichnen Industriezonen.

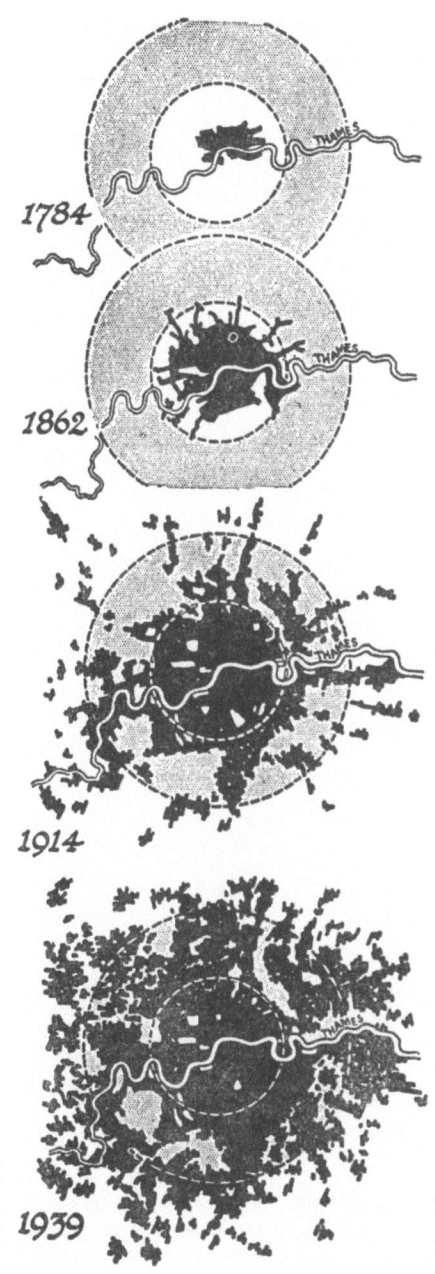

53 Londons Wachstum zwischen 1784 und 1939 (aus Straphenson und Pool: A Plan for Town and Country). Die beiden Kreise haben Durchmesser von 10 und 20 Meilen, das sind rund 16 bzw. 32 Kilometer.

54 Die wichtigsten öffentlichen Bauarbeiten am Rand der Londoner City (durch Schraffur bezeichnet) in der zweiten Hälfte des 19. Jahrhunderts. Die dicken schwarzen Linien sind neue Straßen, die gestrichelten Linien Eisenbahnen.

55 Die neuen Straßendurchbrüche aus der viktorianischen Zeit

kussion zu verzichten. Er sieht den Gegensatz zwischen dem humanitären Ziel – den Lebensstandard der Arbeiter zu verbessern – und der kapitalistischen Tendenz, diesen Lebensstandard möglichst niedrig zu halten, um die Lohnkosten zu senken, als eine reine Mystifikation an, die man nur zu entlarven braucht. In Wirklichkeit handelt es sich aber um einen echten Konflikt, der bei konkreten Versuchen immer wieder aufgetaucht ist und eine Reihe von Aktionen und Reaktionen zur Folge hatte. So verzichtet Engels darauf, den Illusionen oder der Berechnung des reformfreudigen Bürgertums ein alternatives urbanistisches Programm gegenüberzustellen. In ihm müßte zum Beispiel die These von der Freizügigkeit, die notwendig ist, um den Arbeitnehmer wirklich verhandlungsfähig zu machen, zu anderen Modellen führen als zu Stadtrandsiedlungen mit ihren Einfamilienhäusern. Es mußte eher mehrstöckige Baublöcke mit standardisierten Wohnungen und Kollektiveinrichtungen empfehlen, wie sie dann tatsächlich in den Stadtplanungstheorien zwischen den beiden Weltkriegen erscheinen. Engels aber zieht es vor, die zukünftige Gestaltung der Städte als eine einfache Konsequenz der wirtschaftlichen Revolution zu betrachten, auf die es die Arbeiterbewegung absehen muß, und die Wohnungsfrage ohne Rückstand in der sozialen Frage aufgehen zu lassen. So verkündet die marxistische Kritik zwar einige Prinzipien zur Beurteilung der laufenden Experimente, bemüht sich aber nicht um ihre Anwendung im praktischen Bereich der Stadtplanung und entfremdet sich so für lange Zeit den städtebaulichen Problemen.
Die nächsten Schritte vorwärts aber werden nicht auf deduktivem Wege getan, indem man die Errungenschaften der politischen Theorie auf die städtebauliche Praxis anwendet, sondern auf induktivem Weg, ausgehend von den immer wiederkehrenden Schwierigkeiten und Teilkonflikten, die einige engagierte Männer dazu veranlaßt, die Kette der Kausalitäten zurückzuverfolgen, bis sie die zerrissenen Bande zwischen Technik und Politik wiederfinden.
Das ist der Weg von William Morris, der aus einem dem Young England nicht unähnlichen Milieu kam und zunächst einmal feststellte, wie häßlich die industrielle Umwelt geworden war. Schrittweise entdeckte er dann die wirtschaftlichen und politischen Mechanismen, die jede Abhilfe unmöglich machten, und gelangte dann für seine Person zum Sozialismus, ja trat selbst der englischen Arbeiterbewegung bei. Im persönlichen Schicksal von Morris spiegelt sich die Geschichte der europäischen Stadtplanung in ihren positivsten Aspekten.
Wie die technischen Vorstellungen der Utopisten von ihren sozialen Errungenschaften abgelöst und so vom paternalistischen Reformismus benutzt werden konnten, um die von der Revolution bedrohte soziale Verfassung zu konservieren, so konnten auch die Initiativen der konservativen Kräfte, sobald sie in die Wirklichkeit umgesetzt wurden,

56   Teilansicht von London, 1851 von Banks & Co. veröffentlicht. An den Ufern der Themse liegen Wohnhäuser und Fabriken ungeordnet nebeneinander.

sich im Gegensatz zu ihrer ursprünglichen politischen Motivation entwickeln und sich zu Waffen verwandeln, um das konservative System zu stürzen. Die cités ouvrières des Zweiten französischen Kaiserreichs, die englischen Modelldörfer und die Kruppschen Siedlungen sind darum die ersten Glieder einer Kette von Erfahrungen, die schließlich zu Garniers cité industrielle, zu Berlages Stadtvierteln und zu den Siedlungen in Frankfurt am Main und Wien führten. An diesem Punkt angekommen, wird eine neue Konfrontation von Stadtplanung und politischen Programmen fällig, um die Kluft zu schließen, die sich vor hundert Jahren zwischen ihnen aufgetan hat. Das ist die Aufgabe, die heute vor uns liegt.

BILDTEIL

Graf Duriveau verkündet seinen Leuten die Einrichtung des Phalanstère. (Illustration zu »Les Misères des Enfants trouvés« von Eugène Sue in der »Biblioteca romantica illustrata«)

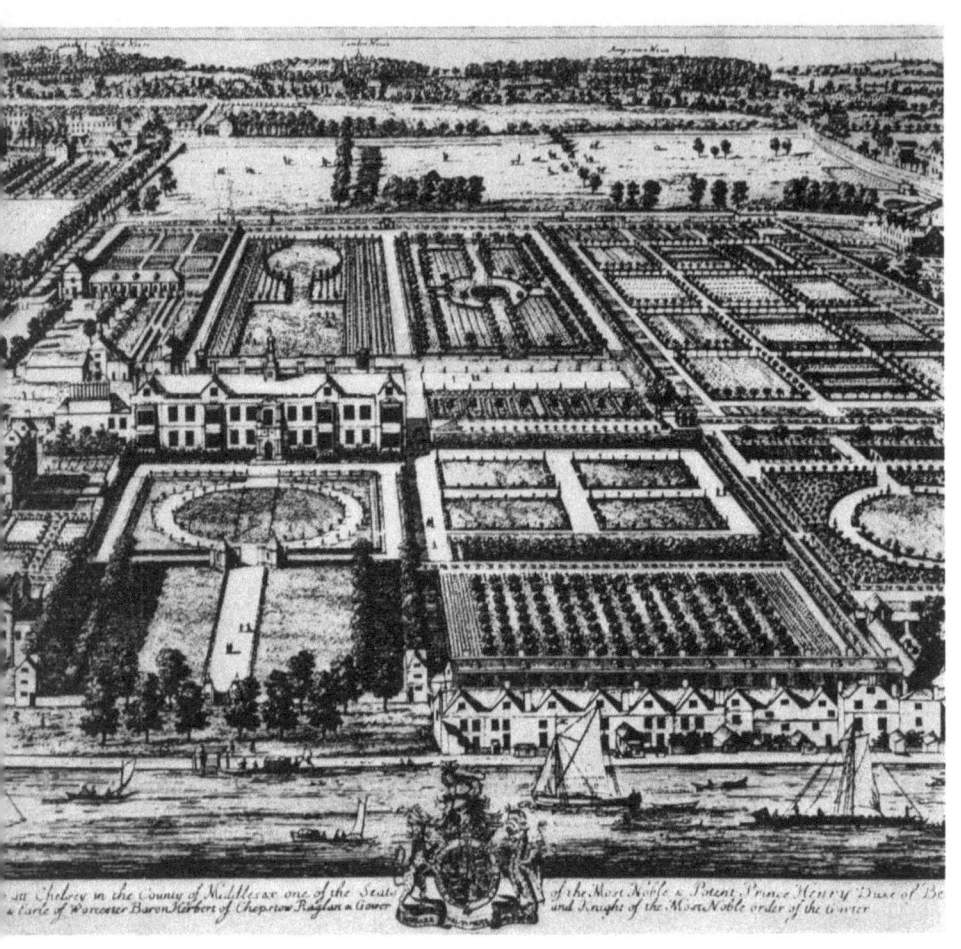

Barocklandschaft – die stadtnahe Residenz des Grafen von Worcester in Chelsea, Middlesex. Bauten und Gartenanlagen fügen sich in starrer, ein für allemal berechneter Ordnung in die natürliche Umgebung ein. Die Architektur bildet das harmonisierende Element in diesem auf zeitlose Unveränderlichkeit angelegten Bild.

Die Fabrikanlagen der sich rasch und ständig verändernden Industrie überwuchern Stadt und Land und drängen die natürliche Landschaft immer weiter von den Stadtkernen ab. Ein ungewohntes, dauernd sich wandelndes Bild, das sich regellos erweitert und kompliziert, weil es keine Kontrolle für sein Wachstum gibt.

Einen Gegensatz zu dem chaotischen Wachstum an den Stadträndern bildet die absolute Regelmäßigkeit der Monumentalbauten aus dem Anfang des 19. Jahrhunderts (oben: Wohnhäuser am Regents Park in London, rechte Seite: Hausfassaden

an der Pariser Rue de Rivoli). Aber die architektonische Regelmäßigkeit ist nur ein Ausweg, um eine Bautätigkeit zu uniformieren, die sich jeder Kontrolle entzieht. Hinter den einförmigen Fassaden vollzieht sich auch hier planloses Wachstum.

Hofinneres des Familistère von Jean Baptiste Godin

Zwei Ansichten des Familistère von Jean Baptiste Godin in Guise: Der Bau mit der Kinderkrippe vor dem Palais Social und Schul- und Theatergebäude (aus J. B. Godin: Solutions sociales)

Innenraum der Kinderbewahranstalt des Familistère (aus Godin, Solutions sociales)

Luftaufnahme von Godins Familistère im heutigen Zustand (aus R. Auxelle: Encyclopédie de l'Urbanisme). Das Verhältnis der Wohnblöcke im Grünen zu den Fabrikanlagen ist trotz Veränderungen und Erweiterungen dasselbe geblieben.

Eine andere Idee des 19. Jahrhunderts, um der Industrielandschaft wieder menschliche Proportionen zu geben: die Gartenstadt (Ansicht von Letchworth). Aber das schwanke Gleichgewicht zwischen Wohnvierteln und Produktionsstätten ist durch die unterschiedliche Dynamik beider Faktoren gefährdet. Howards Plan ist deshalb eine nur formale Lösung für die Probleme der Stadtrandgebiete geblieben.

Abseits von neuen Ideen und Experimenten wuchern die Stadtrandgebiete im späten 19. Jahrhundert weiter, nur gebändigt durch eine mechanische Anwendung der Bauvorschriften. Solange das Bauen sich wirtschaftlich lohnt, reihen sich Häuser und Straßen endlos aneinander.

Die städtischen Straßen werden in der zweiten Hälfte des 19. Jahrhunderts noch nach den strengen Regeln des Barocks geplant. Aber die dynamischen Elemente des modernen Lebens – die Menschenmenge, die Fahrzeuge, die Ladenschilder und Plakatsäulen – drängen sich jetzt in den Vordergrund und lassen die Architektur kaum noch in Erscheinung treten. (Aufnahme der Pariser Rue Richelieu von 1904)

Zwei Straßen von Haussmann, Avenue de Wagram und Avenue Foch, von der Höhe des Arc de Triomphe aus gesehen. Die Avenue de Wagram, typisch für das neue elegante Viertel am Etoile, ist darauf berechnet, der Baulust auf den anstoßenden Grundstücken ergiebige Nutzungsmöglichkeiten zu bieten. Hinter den Fassaden

an der Avenue kommt es deshalb zu maximaler Verdichtung und minimalen Hausabständen. Die Avenue Foch ist als Hauptzufahrtsstraße zum Bois de Boulogne eine auf der ganzen Länge von Bäumen flankierte Park-Straße und stellt eines der besten Ergebnisse von Haussmanns Stadtplanung dar.

Die Pariser Île de la Cité nach der radikalen Umwandlung durch Haussmann. Nur ein kleiner Bereich nördlich von Nôtre Dame erinnert mit seiner alten Bebauung an die einstmals dichte Bevölkerung des Stadtzentrums. Neben den isolierten und restaurierten Baudenkmälern – der Kathedrale und dem Palais de Justice – reihen sich, von breiten Straßen unterbrochen, die neuen Monumentalbauten.

Bauwelt Fundamente

1 Ulrich Conrads, Programme und Manifeste zur Architektur des 20. Jahrhunderts · 180 Seiten, 27 Bilder

2 Le Corbusier, Ausblick auf eine Architektur · 216 Seiten

3 Werner Hegemann, Das steinerne Berlin · Geschichte der größten Mietskasernenstadt der Welt · 344 Seiten, 100 Bilder

4 Jane Jacobs, Tod und Leben großer amerikanischer Städte · 221 Seiten

5 Sherman Paul, Louis H. Sullivan · Ein amerikanischer Architekt und Denker · 164 Seiten

6 L. Hilberseimer, Entfaltung einer Planungsidee · 140 Seiten

7 H. L. C. Jaffé, De Stijl 1917–1931 · Der niederländische Beitrag zur modernen Kunst · 272 Seiten

8 Bruno Taut, Frühlicht – Eine Folge für die Verwirklichung des neuen Baugedankens · 224 Seiten, 240 Bilder

9 Jürgen Pahl, Die Stadt im Aufbruch der perspektivischen Welt 176 Seiten, 86 Bilder

10 Adolf Behne, Der moderne Zweckbau · 132 Seiten, 95 Bilder

11 Julius Posener, Anfänge des Funktionalismus · Von Arts and Crafts zum Deutschen Werkbund · 232 Seiten, 52 Bilder

12 Le Corbusier, Feststellungen zu Architektur und Städtebau · 248 Seiten, 230 teils farbige Bilder

13 Hermann Mattern, Gras darf nicht mehr wachsen · 12 Kapitel über den Verbrauch der Landschaft · 184 Seiten, 40 Bilder

14 El Lissitzky, Rußland: Architektur für eine Weltrevolution · 208 Seiten, 116 Bilder

15 Christian Norberg-Schulz, **Logik der Baukunst** · 308 Seiten, 118 Bilder

16 Kevin Lynch, Das Bild der Stadt · 216 Seiten, 140 Bilder

17 Günter Günschel, Große Konstrukteure 1 · Freyssinet – Maillart – Dischinger – Finsterwalder · 276 Seiten, 172 Bilder

19 Anna Teut, Architektur im Dritten Reich 1933–1945 · 392 Seiten, 56 Bilder

20 Erich Schild, Zwischen Glaspalast und Palais des Illusions · Form und Konstruktion im 19. Jahrhundert · 224 Seiten, 157 Bilder

21 Ebenezer Howard, Gartenstädte von morgen · Ein Buch und seine Geschichte · 198 Seiten, 35 Bilder

22 Cornelius Gurlitt, Zur Befreiung der Baukunst · Ziele und Taten deutscher Architekten im 19. Jahrhundert · 166 Seiten, 19 Bilder

23 James M. Fitch, Vier Jahrhunderte Bauen in USA · 330 Seiten, 247 Bilder

24 »Die Form« – Stimme des Deutschen Werkbundes 1925–1934 · 360 Seiten, 34 Bilder

25 Frank Lloyd Wright, Humane Architektur · 274 Seiten, 54 Bilder

26 Herbert J. Gans, Die Levittowner, Soziographie einer »Schlafstadt« · 368 Seiten

27 Über die Umwelt der arbeitenden Klasse · Aus den Schriften von Friedrich Engels · 238 Seiten, 23 Bilder

28 Philippe Boudon, Die Siedlung Pessac – 40 Jahre Wohnen à Le Corbusier · Sozio-architektonische Studie · Etwa 160 Seiten, 70 Bilder

29 Leonardo Benevolo, Die sozialen Ursprünge des modernen Städtebaus · Lehren von gestern – Forderungen für morgen. 172 Seiten, 72 Bilder

30 Erving Goffman, Verhalten in sozialen Situationen · Etwa 224 Seiten

31 John V. Lindsay, Städte brauchen mehr als Geld. New Yorks Mayor über seinen Kampf für eine bewohnbare Stadt · Etwa 170 Seiten

Bertelsmann Fachverlag

Bei Fragen zur Produktsicherheit wenden Sie sich bitte an:
If you have any questions regarding product safety, please contact:

Birkhäuser Verlag GmbH
Im Westfeld 8
4055 Basel, Schweiz
productsafety@degruyterbrill.com